ALTDEUTSCHE TEXTBIBLIOTHEK
HERAUSGEGEBEN VON HUGO KUHN

Ergänzungsreihe

1

Ausgewählte Melodien des Minnesangs

Einführung, Erläuterungen und

Übertragung

von

Ewald Jammers

MAX NIEMEYER VERLAG / TÜBINGEN 1963

Meinen Kindern
Monika, Luitgard, Antonius,
Adelheid, Wolfgang, Ewald
gewidmet

Alle Rechte vorbehalten
Copyright by Max Niemeyer Verlag, Tübingen 1963
Printed in Germany
Satz und Druck: H. Laupp jr, Tübingen – fotokop GmbH, Darmstadt

INHALT

Vorwort XI

Einführung
    Die Quellen 1
    Die Einheit von Musik und Dichtung 10
    Die gesungene Dichtung 16
    Die Musik des Minnesangs 22
    Der Rhythmus 29
    Der silbenzählende Vers 35
    Verlauf und Kadenz des Verses 43
    Das Melisma 52
    Vers und Strophe, Versarten 60
    Geschichtliche Entwicklung, örtliche Besonderheiten, die Gattungen . 66

Erläuterungen
    Anordnung und Auswahl der Lieder, Wert der Überlieferung, Editionstechnik 68
    Die epischen Melodien 74

    Die Spruchmelodien
        I. Die Anfänge. Walther von der Vogelweide 80
        II. Das 13./14. Jahrhundert 86
        III. Die Spätzeit 91

    Die Lieder
        I. Die Frühzeit. Walther von der Vogelweide 93
        II. Das 13./14. Jahrhundert. Wizlaw 101
        III. Der Ausklang 103

    Besondere Liedarten
        I. Die religiösen Lieder 106
        II. Die melismatischen Lieder 107
        III. Die Tage- und Wächterlieder 109
    Die Tanzlieder 113
    Die Lieder mit Beteiligung von Instrumenten 119
    Der Meistersang 125
    Die Leichmelodien 128

VI

Die Melodien und Beispiele

Zur Einführung

1. Bernart de Ventadorn: Can vei (Tradition) 137
2. Christ ist erstanden 137
3. Frauenlob: Maria kunigynne
   Kelin: Ez ist vil maniger herre 138
4. Poppe: O hoer unde starker 140

Epische Formeln und Strophen

5. Otfrid-Heidelberger Rezitationsformel 143
6. Rezitationsformel des höfischen Epos 144
7. Jakobsruf – Wer das elend 144
8. Chanson de geste – Audigier dist 145
9. Chanson a toile – Bele Yolans 145
10. Chanson a toile – Oriolanz 145
11. Alba – Phebi claro nondum 146
12. Marienklage – Nu hebet sich groß 146
12a. Dass., Kernmelodie 147
13. Hildebrandslied – ich wil zu lant 147
13a. Dass., Kernmelodie 147
14. Hönnweiss – Matheus schreibet 148
15. Kerenstein – Ich bin durch frawen willen 148
16. Abendgang – Es wonet lieb bei liebe 149
17. Titurelmelodie – Jamer ist mir entsprungen 149

Spruchmelodien

I. Anfänge. Walther von der Vogelweide

18. Marcabru: Pax in nomine 151
19. Bernart de Born: Rassa, tan creis 152
20. Spervogel: Swa eyn vriunt 152
21. Walther von der Vogelweide: Mir hat ein liet 153
21a. Dass., Kernmelodie 154
22. Walther von der Vogelweide: Vil wol gelobter got 154
22a. Dass., anderer Rekonstruktionsversuch 155
22b. Dass., Kernmelodie 155
23. Walther von der Vogelweide: Waz wunders 155
24. und 24a. Walther von der Vogelweide: Herre babest 156/157
25. H. Sachs: Ich freu mich des 158
25a. »*Walther von der Vogelweide: Vil süeze waere minne*« . . . 159

VII

25b. *Walther von der Vogelweide: Mir hat her Gerhart* 160
26. Die trinitat gedryet 160
26a. *Walther von der Vogelweide: Maneger klaget* 161
26b. *Walther von der Vogelweide: Friuntlichen lac* 162
27. H. Sachs: Hie hört, wie in der 162
27a. *Walther von der Vogelweide: Ich saz uf eime steine* 164

II. 13./14. Jahrhundert

28. Bruder Werner: Wir lan die phaffen 166
29. Bruder Werner: Ich weiz der herren 167
30. Bruder Werner: Nu scouwet an 169
31. Zilies von Seyne: Eyn kupfer 170
32. Hermann Damen: In dirre wise 171
33. Wizlaw: Menschenkint, denket 173
34. Der Meißner: Sundege lust 174
35. Der Meißner: Got ist gewaltich 175
36. Der Meißner: Maria, muter, meit 176
37. Der Meißner: Vil sùze, tzarte mynne 177
38. Rumelant: Aller gùte 178
39. Der Unverzagte: Der kuninc rodolp 179
40. Der Wilde Alexander: Eyn wunder in der werlde 181
40a. Dass., in modalem Rhythmus 181
41. Wizlaw: Ich warne dich 182

III. Spätzeit

42. Frauenlob: Man fraget hoch 183
43. Frauenlob: Jesayas, der schrybet 184
44. Regenbogen: Solt ich mit hohen 186
45. Nestler: Ich singe gerne lyse 187
46. Der will, der in gotes herczen 189
47. Oswald von Wolkenstein: Durch Barbarei 190
48. Oswald von Wolkenstein: Senlich we mit langer 192

Lieder

I. Frühzeit. Walther von der Vogelweide

49. Exsultet. Älteste und heutige Weise 194
50. Auscultet, exultet 195
51. De ramis cadunt 195

52. Bernart de Ventadorn: La dousa votz 195
53. Jaufre Rudel: Lanquan li jorn 196
54. Bernart de Ventadorn: Can veila lauzeta
    Reinmar von Hagenau: Der winter waere 197
55. Bernart de Ventadorn: Pois preyatz
    Friedrich von Hausen: Deich von der gueten 198
56. Gontier de Soignies: Se li oisiel
    Friedrich von Hausen: Min herze 199
57. Gace Brulé: Tant m'a mené force
    Bligger von Steinach: Er fünde guoten kouf 200
58. Chrétien de Troyes: Onques del bevrage
    Bernger von Horheim: Nu enweiz ich doch 200
59. Blondel de Nesle: Bien doit chanter
    Ulrich von Gutenburg: Ich horte wol ein merlikin 201
60. Gace Brulé: De bone amour
    Rudolf von Neuenburg: Minne gebuitet 202
60a. Dass., in vormodalem Rhythmus 203
61. Gace Brulé: Ne puis faillir
    Bernger von Horheim: Nu lange ich mit sange 204
62. Walther von der Vogelweide: Nu alrest lebe 205

II. 13./14. Jahrhundert. Wizlaw

63. Der Wilde Alexander: Hie vor, do wir 206
64. Der Wilde Alexander: O we, daz nach liebe 206
65. Wizlaw: We ich han ghedacht 207
66. Wizlaw: Meyie scone 207
67. Wizlaw: Der walt unde angher 208
68. Wizlaw: Wol dan, her meyie 209
69. Wizlaw: De voghelin untphat 210
70. Wizlaw: Loybere risen 211

III. Ausklang

71. Hugo von Montfort: Ich var uff wag 212
72. Hugo von Montfort: Fro welt, ir sint 213
73. Oswald von Wolkenstein: Gelück und hail 214
74. Oswald von Wolkenstein: Nu huss, sprach der Michel 215
75. Oswald von Wolkenstein: Nu rue mit sorgen 215
76. Oswald von Wolkenstein: Treib her, treib über her 216
77. Oswald von Wolkenstein: Vil lieber gruesse 216
78. Ich het czu hannt gelocket 217
79. Der herbst mit süessen trauben 218

Besondere Liedarten

I. Religiöse Lieder

80. Peter von Arberg: O starker got 220
81. Peter von Sassen: Maria gnuchtig 221
82. Der Mönch von Salzburg: Her got almechtig 222
83. Der Mönch von Salzburg: Kum senfter trost 224

II. Melismatische Lieder

84. Guiot de Provins: Ma joie premeraine
    Friedrich von Hausen: Ich denke under wilen 226
84a. Walther von der Vogelweide: Vil wundervol gemachet wip 227
85. Der Wilde Alexander: Sion trure 227
86. Ich sezte minen fuoz 228
87. Hugo von Montfort: Ich fröw mich gen 230

III. Tage- und Wächterlieder

88. Wizlaw: List du 231
89. Hugo von Montfort: Mich fragt ain wachter 232
90. Hugo von Montfort: Mich straft ain wachter 233
91. Peter von Richenbach: Ey froner wechter 234
92. Der Mönch von Salzburg: Die nacht wirt schier 237
93. Oswald von Wolkenstein: Ain tunkle varb 238
94. Oswald von Wolkenstein: Ich spür ain luft 239
95. Oswald von Wolkenstein: Des himels trone 241

Tanzlieder

96. Wizlaw: Wol uph ir stolzen helde 243
97. Neidhart: Ine gesach die heide 244
98. Neidhart: Wie schönen wir 245
99. Neidhart: Meie din lichter schin 245
100. Neidhart: Mirst von herzen 247
101. Neidhart: Owe dirre not 248
102. Neidhart: Do der liebe summer 249
103. Neidhart: Sinc an, guldin huon 249
104. Neidhart: Kint, bereitet iuch 250
105. Neidhart: Si klagent, daz der winder 251
106. Der swarcze dorn 252
107. Mayenzeit one neidt 253
108. Der vil lieben sumerzeitt 253
109. Mey, du wunnenbernde zyt 254

Lieder mit Beteiligung von Instrumenten

110.	Wan ich anscha	256
111.	Wol mich wart ain hübsches	257
112.	Kund ich nach lust	258
113.	Ich han in ainem garten	259
114.	O wie lieb junckfraulich	260
115.	Wye fremd ich dir pin	261
116.	Seint röslein, plüemlein	262
117.	Mein hort, muß ich mich	264
118.	Oswald von Wolkenstein: Fröleichen so well wir	265
119.	Oswald von Wolkenstein: Herz, muet, leib, sel	266
120.	Rondel – Al in dem slaef	267
121.	Rondel – Mijn hertze hait gescheiden sich	268
122.	Die lerch ist laides	269

Meistergesänge

123.	Marner: Esaias der prophet	270
124.	Müglin: Hilff herr gott den heyligen	272
125.	Michel Behaim: Her winter laß ab	273
126.	Hans Folz: Kettenton – Am 21. caputt	274
127.	Hans Sachs: Goldner Ton – Lob sey got vater	276
128.	Hans Sachs: Silberweise – Salve ich grus dich	277
129.	Hans Sachs: Morgenweise – Wacht auff ir werden christen	278

Leichmelodien

130.	Der Wilde Alexander: Minneleich	281
131.	Ulrich von Winterstetten: Fragment des IV. Leichs	289

Abkürzungen der häufiger zitierten Zeitschriften

AfMf. = Archiv für Musikforschung
AfMw. = Archiv für Musikwissenschaft
DTÖ. = Denkmäler der Tonkunst in Österreich
Mf. = Die Musikforschung
ZfdA. = Zeitschrift für deutsches Altertum
ZfMw. = Zeitschrift für Musikwissenschaft
VjfMw. = Vierteljahrsschrift für Musikwissenschaft

Verzeichnis der gekürzt zitierten Aufsätze, Monographien und Ausgaben s. Anm. 6-20.

VORWORT

Es entspricht wohl einem alten, noch unerfüllten, aber berechtigten Wunsch, wenn hier eine Reihe von Melodien zu Texten des Minne- und Meistersanges veröffentlicht werden. Bereits von der Hagen brachte 1838 im 4. Bande seiner Minnesänger eine stattliche Zahl von Proben meist im Facsimile, und man muß ihm für diese Wiedergaben dankbar sein; denn schon verfügen wir nicht mehr über das gesamte Material, das er, so gut es damals möglich war, veröffentlichte. Inzwischen sind manche Denkmälerbände, brauchbare und unzuverlässige, und einige fotografische Facsimile-Ausgaben erschienen; aber diese liegen auf Bibliotheken oder sind doch nicht für jedermann käuflich zu erwerben. Eine Gesamtausgabe der Minneliedermelodien ist seinerzeit für das „Erbe dt. Musik" geplant gewesen, aber bis heute nicht verwirklicht worden, und auch sie würde kaum von einer größeren Zahl von Germanisten oder Liebhabern erworben werden können. Einige Proben bringt natürlich jede Musikgeschichte, und die Fachzeitschriften erörtern hin und wieder einzelne Gesänge. Das sind aber gelegentliche und verstreute Wiedergaben. Die Auswahlausgaben aber, die uns die letzten Jahre geschenkt haben, wie die von Aarburg, Gennrich, Maurer, Müller-Blattau, Reichert, Salmen[1]) sind umfangmäßig und meist auch thematisch zu begrenzt, als daß sie wirklich eine umfassendere Kenntnis vermitteln könnten. Vor allem aber unterscheiden sich – zu dieser quellenmäßigen oder thematischen Beschränkung hinzu – diese Editionen und Ausgaben noch durch die verschiedenen Auffassungen der Herausgeber von der Minnemusik[2]), und so ist ein Urteil, was zeitlich, was örtlich bedingt ist, aber auch, was persönliche Anschauung der Herausgeber ist, für den Laien kaum möglich. Es dürfte daher ein größerer Überblick, der von einem einheitlichen Gesichtspunkt aus erfolgt, angebracht sein.

Die vorliegende Ausgabe will natürlich keine Gesamtausgabe sein, auch

---

[1]) Die genauen Titel siehe weiter unten!
[2]) Eine vergleichende Übersicht bringt jetzt B. Kippenberg: Der Rhythmus im Minnesang. Eine Kritik der literar- und musikhistorischen Forschung, mit einer Übersicht über die musikalischen Quellen. Münchener Texte und Untersuchungen zur deutschen Literatur des Mittelalters, München 1962.

keine textkritische Ausgabe; sie will nur Beispiele bringen, die die Dichtung in ihrer vielfältigen Gestalt im Zusammenhang mit der Musik zeigen. Dabei sollen die Grenzen nicht eng gezogen werden, sondern soweit es tunlich zu sein scheint, auch Vorbilder und Nachahmer mitberücksichtigen. Eine beigefügte Einführung soll helfen, die Bedeutung der Musik für die Dichtung zu begreifen. Mit der Musik muß sich aber jeder irgendwie befassen, der den Minnesang verstehen will, und es gibt da nicht die Entschuldigung, daß man „unmusikalisch" sei (sowie sie auch damals nicht bestanden haben dürfte); denn die Texte und die recht einfachen Weisen wurden zusammen gestaltet, die einen für die anderen erfunden.

Die vorliegende Ausgabe ist nun in erster Linie für den Germanisten bestimmt. Das bedeutet: es wird darauf verzichtet, die Quellen so getreu wiederzugeben, wie es der Musikwissenschaftler verlangen würde. Es wurde vielmehr übertragen, so gut das möglich ist – d. h. nach dem Wissensstande des Herausgebers und nach der Aussagefähigkeit der heutigen Notenschrift. Ob die Auffassung des Herausgebers sich überall halten läßt, muß natürlich dahingestellt werden. Der Vorteil der Gesamtschau bleibt aber bestehen. Vor allem sei aber gesagt, daß der Herausgeber seinen Vorgängern in der Erforschung des Minnesangs sehr zu Dank verpflichtet ist, auch dort, wo sie seiner Meinung nach irrten.

Eine Frage wäre noch, ob eine Übertragung aus der damaligen Notenschrift in die heutige überhaupt notwendig oder gar angebracht ist, ob man sich nicht vielmehr mit einer Umschrift, d. h. einer Art Facsimile, begnügen sollte. Dafür spricht, daß jede Übertragung eine Deutung und letzthin eine Umdeutung ist. Aber es ist doch eine feige Flucht, wenn der Wissenschaftler dem Laien überließe, die Melodien zu deuten. Es scheint im übrigen das Beste zu sein, auf manche Zeichen der modernen Notenschrift zu verzichten und dafür einige neue zu verwenden, damit sofort sichtbar wird, daß nicht alle musikalischen Erscheinungen von heute damals vorhanden waren und daß statt ihrer andere zu beobachten sind, die heute mehr oder minder verschwunden sind. Doch ist dabei Maß gehalten worden, stärker, als der Herausgeber ursprünglich beabsichtigte, damit nicht die neuen Zeichen als Ersatz für die heutigen mißverstanden werden.

EINFÜHRUNG

Die Quellen

In diesem Büchlein wird eine Auswahl von Melodien zur mittelalterlichen deutschen Dichtung vorgelegt. Damit diese Veröffentlichung aber sinnvoll wird, muß gleichzeitig gesagt werden, welcher Art diese Melodien sind. Wodurch unterscheidet sich diese Musik von der heutigen, d. h. eine seits: In welchem Verhältnis stehen die Melodien zu den Texten, und andererseits: Welche Regeln beherrschen diese Musik?

Einen ersten Weg zur Antwort bietet eine Übersicht der Quellen an, nicht bloß, weil ein solcher Überblick für eine exakte Prüfung überhaupt notwendig ist, sondern auch, weil schon die Eigenart der Überlieferung einiges verrät. Auffällig ist zunächst, daß die hauptsächlichen Handschriften des Minnesanges, also die Heidelberger und Weingartener Liederhandschriften, keine Noten enthalten. Schreiber oder Auftraggeber haben dabei zweifellos nicht damit gerechnet, daß man die Melodien der Lieder auswendig konnte; dazu sind der Strophen zu viele. Ihre Absicht war also kaum, die Lieder unmittelbar für einen Vortrag zu notieren. Einem solchen Zwecke widerspricht aber auch die Pracht dieser Bilderhandschriften; zudem lag die sog. Manesse-Handschrift an einer Kette wie viele andere wertvolle Bücher, die daher nur auf ihren festen Pulten benutzt werden konnten. Einen Vortrag unmittelbar aus der Handschrift heraus verbietet ferner die durchlaufende Schrift der Gedichte; diese macht zwar die Strophen sofort kenntlich; trotz der Lektionszeichen[3] ist es aber unmöglich, ohne Kenntnis der Melodie die Verse sofort so zu erfassen, daß man sie unmittelbar von der Handschrift aus hätte vortragen können. Es handelt sich also um Handschriften, die ihrem Eigentümer das Bewußtsein verschaffen sollen, die dichterisch-musikalische

---

[3] Bei den von K. H. Schirmer (Strophik Walthers von der Vogelweide, S. 154) erörterten „Bindestrichen" handelt es sich um nichts anderes als den Punctus elevatus der mittelalterlichen Lectio. Punctus versus und Punctus elevatus haben in einer Handschrift mit Versen natürlich eine etwas abgewandelte Bedeutung: Der P. versus bezeichnet das Versende; der P. elevatus die

Kunst des höfischen Adels in möglichst genauer Aufzeichnung des Textes zu „besitzen".

Aber wie steht es mit den eigentlich musikalischen Handschriften? Die Musikalien von heute, in der Regel gedruckt, sind eindeutig für die Aufführung bestimmt. Eine Liste der für die Minnelieder[4]) und die verwandte Musik in Frage kommenden Handschriften aber macht eine andere Aussage. Den Anfang dieser Liste mögen die Carmina burana machen, die Hs. München Clm 4660, eine Sammlung lateinischer Lieder aller Art, die nicht später als 1250 entstanden sein dürfte[5]). Sie enthält aber auch deutsche Lieder, zu denen lateinische Kontrafakta angefertigt wurden, die dann bisweilen die deutsche Melodie behalten haben dürften, oder es handelt sich umgekehrt um deutsche Nachformungen lateinischer Lieder. Die Lieder sind nur selten mit Neumen versehen, also mit Notenzeichen, die demjenigen, der die Melodie nicht kennt, keine Aussagen machen. An eine unmittelbar praktische Verwendung der Handschrift dürfte der Sammler kaum gedacht haben[6]).

Viel wichtiger für den vorliegenden Zweck sind die Fragmente des Staatsarchivs Münster: ein einzelner Bogen einer umfangreichen Liederhandschrift des 14. Jhs, der sich als Aktenumschlag gerettet hat. Sie sind kostbares Gut für die Musikwissenschaft, da sie die einzige unversehrte und unbearbeitete Walther-Melodie enthalten. So würde diese Handschrift, wenn sie erhalten geblieben wäre, zwar nicht durch ihre Ausstattung, aber durch ihre Noten die großen Liederhandschriften von Heidelberg und Stuttgart vielleicht übertroffen haben. Für den Vortrag

---

Zäsur, das Ende des Halbverses. (Damit ergibt sich vielleicht, daß einige Textausgaben in dieser Hinsicht zu verbessern sind.) Der eigentliche musikalische Sinn wird preisgegeben. Die Stimme folgt nicht mehr den Regeln der Lectio, sondern der Melodie; das ist selbstverständlich. Es ergibt sich aber, daß eine Zäsur anders auszuführen ist als ein Versende. Alle weiteren Erwägungen von Schirmer oder auch von Kippenberg (a. a. O. S. 22) erübrigen sich.

[4]) bei der natürlich keine Vollständigkeit erreicht werden soll. Es werden vielmehr hier nur die großen Sammlungen erwähnt. Die Aufzeichnungen einzelner Lieder ändern aber das Bild nicht. Eine vollständige Bibliographie versucht R. W. Linker: Music of the Minnesinger and early Meistersinger. A Bibliography, 1962.

[5]) Vgl. Kippenberg a. a. O. S. 42[1].

[6]) H. Hilka und O. Schumann: Carmina burana, 1941 ff. – W. Lipphardt: Unbekannte Weisen zu den Carmina burana, in: AfMw. 12/1955 S. 122.

aber war diese Handschrift nicht angelegt worden; man kann nicht unmittelbar nach ihr singen, da die Verse nicht zeilenmäßig geschrieben sind oder sonst irgendwie sofort sichtbar werden [7]).
Vorzüglich erhalten aber ist die Jenaer Liederhandschrift, eine Prachthandschrift des gleichen 14. Jhs. Schon ihr Format (56 : 41 cm) und ihre Kostbarkeit verboten eine Benutzung in der Praxis, obwohl gelegentliche Korrekturen beweisen, daß man, sozusagen ausnahmsweise, nicht bloß auf die äußere Schönheit, sondern auch auf sachliche Korrektheit Wert legte. Ihre 91 Melodien (darunter 2 Leiche) gehören aber bereits der Spätzeit des Minnesanges in Mitteldeutschland an, obwohl sich Perlen der melodischen Gestaltung unter ihnen befinden [8]).
Die Wiener Handschrift 2701 entstammt dem gleichen Jh., ist aber bedeutend undeutlicher geschrieben und natürlich wie üblich ohne Berücksichtigung der Verseinteilung. Sie überliefert 5 Leiche, 4 Lieder und Sprüche, dazu ein Fragment [9]).
Die Kolmarer Handschrift (jetzt in München Cgm 4997) ist anscheinend von einem Meistersinger, wohl vor 1426, in Mainz geschrieben worden, ohne Versbeachtung, also auch nicht für den Vortrag, aber vielleicht als Musterbuch oder für die Kontrolle. Sie war zeitweise wohl Eigentum der Mainzer Meistersinger. Von ihr abgeschrieben wurde die Donaueschinger Liederhandschrift (Donaueschingen 120). Der Inhalt der Kolmarer Handschrift sind 105 Melodien, darunter 5 Leiche. Es handelt sich freilich um die Zeit, wo der Minnesang zum Meistersang wird, doch enthält die Handschrift anscheinend auch Melodien Walthers in bearbeiteter Form [10]).

---

[7]) Fr. Jostes: Bruchstücke einer Münsterschen Minnesängerhandschrift mit Noten, in: ZfdA. 53/1912 (mit Facs.). – R. Molitor: Die Lieder des Münsterschen Fragmentes, in: Sammelbände der I.M.G. 12/1910–11, S. 475 (mit Facs.).
[8]) K. K. Müller: Die Jenaer Liederhandschrift, 1896 (Facs.). – Holz, Saran, Bernoulli: Die Jenaer Liederhandschrift, 1901. – E. Jammers: Untersuchungen zur Rhythmik und Melodik der Melodien der J. L., in: ZfMw. 7/1925, S. 265. Weitere Literatur siehe MGG (Die Musik in Geschichte und Gegenwart) sub voce.
[9]) H. Rietsch: Gesänge von Frauenlob, Reinmar von Zweter und Alexander, 1913. Denkmäler der Tonkunst in Österreich XX, 2.
[10]) P. Runge: Die Sangesweisen der Colmarer Hs. und die Liederhandschrift Donaueschingen, 1896. – F. Eberth: Die Liedweisen der Kolmarer Hs. und

Zum Teil noch dem 14. Jh., dann aber der 1. und 2. Hälfte des 15. Jhs., gehört die Spörlsche Handschrift an, bekannt auch unter dem Namen „Mondsee-Wiener Liederhandschrift" (Wien 2856). In ihr sind mit Melodien versehen 31 geistliche, 57 weltliche, 12 Meistergesänge. Sehr viele Lieder gehören dem Mönch von Salzburg an. Etliche von ihnen sind mehrstimmig. Auch sie dürfte unmittelbar kaum dem Vortrag gedient haben. Ihre Notenzeichen sollen bereits die Tondauer anzeigen; dies geschieht aber noch recht fehlerhaft – und die Fehler sind unverbessert, so daß der unmittelbare Vortrag dadurch verhindert wird [11]).

(Ähnlicher Art ist das berühmte Lochamer Liederbuch [Berlin 40613], dessen sorglose Notation oft durchaus unklar und rätselhaft ist und wohl auch vom Schreiber selber bald nur noch mit größter Mühe gelesen werden konnte. Es sind neben zwei- und dreistimmigen Stücken 37 einstimmige Melodien, von denen eine Anzahl aber als *tenores* mehrstimmigen Kompositionen angehörten. [12]))

Neben den Sammlungen sind die Handschriften zu nennen, in denen Dichter und Komponisten ihre eigenen Werke notieren ließen. Diese „Minnesänger" standen anscheinend bereits unter dem Einfluß der humanistischen Idee von der Unsterblichkeit des Dichtwerkes; ihre Handschriften sollten der Nachwelt ihre Werke erhalten. Noch mehr aber waren diese Handschriften dazu bestimmt, ihrem Urheber den Stolz des

---

ihre Einordnung und Stellung in der Entwicklungsgesch. der dt. Liedweise im 14.–16. Jh., Diss. 1933. – R. Zitzmann: Die Melodien der Kolmarer Liederhandschrift in ihrer Bedeutung für die Musik- und Stilgeschichte der Gotik, 1944. – R. Genseke: Die Kolmarer Handschrift und ihre Bedeutung für den dt. Meistersang, Diss. 1955. – U. Aarburg: Verzeichnis der im Kolmarer Liederkodex erhaltenen Töne und Leiche, in: Festschrift Heinrich Besseler, 1961, S. 127. – Siehe ferner MGG sub voce.

[11]) F. A. Mayer und H. Rietsch: Die Mondsee-Wiener Liederhandschrift und der Mönch von Salzburg, in: Acta Germanica 3/1894–4/1896. – O. Ursprung: 4 Studien zur Geschichte des dt. Liedes, in: AfMw. 4/1922 S. 413 und 5/1923 S. 11 usw.

[12]) Locheimer Liederbuch und Fundamentum organisandi des Conrad Paumann, im Facs. hrsg. von K. Ameln, 1925. – O. Ursprung: 4 Studien zur Geschichte des dt. Liedes, in: AfMw. 5/1923, S. 316. – J. Müller-Blattau: Die Weisen des Locheimer Liederbuches, in: AfMf. 3/1938, S. 277. – G. Lehmann: Neue Beiträge zur Erforschung des L. Liederbuches, in: AfMf. 5/1940, S. 1 – MGG sub voce.

Autors zu verschaffen: Das feierliche Wappen oder das Portrait des Dichters künden deutlich, wie dieser die Handschrift als ihm zugehörig betrachtet. Wie seine Dichtungen Autobiographien waren und also sein Leben, seine erlebte Welt festhalten sollten, so sind diese Niederschriften zu verstehen als Fortführung des Wunsches, festzuhalten, was der Dichter gern festgehalten sah und glaubte festhalten zu dürfen.

Es handelt sich um den Vorarlberger Hugo von Montfort, höchsten Beamten der Habsburger in der Steiermark, und um Oswald von Wolkenstein. Hugos Handschrift (Heidelberg Cod. pal. germ. 329), auf das freigebigste mit goldenen und buntfarbenen Initialen und seinem kostbar ausgemalten Wappen geschmückt, ist zweifellos bestimmt gewesen, als Dokument bewundert zu werden; sie ist also für die Benutzung beim Vortrag unpraktisch, wie alle bisherigen Handschriften. Mit Noten sind 10 Lieder versehen[13]). Ähnliches gilt von den 3 Handschriften, die der unruhige und doch heimattreue Südtiroler Oswald anfertigen ließ: (Wien 2777 sowie Innsbruck). 66 Lieder sind einstimmig, 32 mehrstimmig; dazu kommen einige unvollständige Melodien[14]).

Mehrere Handschriften verzeichnen die Lieder Neidharts von Reuental und der Pseudo-Neidharte, Handschriften des 15. Jhs., Berlin 20779, Wien s. n. 3344, ferner in Sterzing und Frankfurt. Hier stehen die Noten bereits öfters vor dem Text: so daß auch sie der Sänger nicht unmittelbar benutzen konnte[15]). Diese textlose Notation findet sich weiterhin in

---

[13]) P. Runge: Die Lieder des Hugo von Montfort mit den Melodien des Burk Mangolt, 1906. – E. Jammers: Die Melodien Hugos von Montfort, in: AfMw. 13/1956, S. 217.
[14]) Oswald von Wolkenstein: Geistl. und weltl. Lieder. (Der Text hrsg. von J. Schatz, die Musik von O. Koller), 1902. D Ö. IX, 1. – H. Loewenstein: Wort und Ton bei O. v.W., 1932. Königsberger Forschungen 11. – N. Mayr: Die Reiselieder und Reisen O. v.W., 1961. Schlernschriften 215. – O. v. W.: Die Lieder. Hrsg. von K.K. Klein. Musikanh. v. W. Salmen 1962. (Altdt. Textbibl. 55)
[15]) Neidhart von Reuental: Lieder, bearb. von W. Schmieder; Rev. des Textes von Ed. Wiessner, 1930. DTÖ. XXXVll, 1. – W. Schmieder: Die Melodiebildung in Liedern von N. v. R., in: Studien z. Musikwiss. Beihefte der DTÖ. 17. – W. Müller-Blattau: Melodietypen bei N. v. R., in: Annales Univ. Sarav. Philos. 9/1, 1960. – A. T. Hatto und R. J. Taylor: The Songs of N. v. R., 1958. – MGG sub voce.

den Handschriften Berlin 922 (aus den Jahren 1410–30), Darmstadt 2225 (1410), Ansbach 161 (1406)[16]).

Mit Buchstaben neben dem Text sind 4 Gedichte der „Minne Regel", die Eberhard Cersne aus Minden 1404 verfaßte[17]), versehen.

Wichtig sind als unebenbürtige Nachfahren des Minnesanges auch die Meistergesänge. Genannt seien zunächst die Handschriften Michael Behaims (Heidelberg Pal. germ. 312 und 334 und München Cgm 291). In ihnen werden zum erstenmal die Melodien verseweise aufgezeichnet. Soll man annehmen, daß der Vortrag der Lieder jetzt stärker an die schriftliche Aufzeichnung gebunden war? (Ob gerade zuerst bei diesen erhaltenen Handschriften, wäre eine etwas nebensächliche Frage[18]).)

Von den Meistersingerhandschriften späterer Zeit (16.–17. Jh.) sei wenigstens das Singebuch des Adam Puschman erwähnt[19]). Der Herausgeber eines Auszuges aus dieser Handschrift, G. Münzer, zählt 327 Melodien auf, die in diesem Singebuch und anderen Meistersingerhandschriften erhalten sind. Leider scheint es 1945 zugrunde gegangen zu sein; so tritt jetzt an seine Stelle die vielleicht wertvollere, aber noch unveröffentlichte Hs. Will. III. 784 der Stadtbibliothek Nürnberg.

Diese Liste[20]) zeigt, daß zwar aus der Spätzeit eine beachtliche Menge

---

[16]) M. Lang: Zwischen Minnesang und Volkslied. (Die Weisen bearb. J. Müller-Blattau), 1941. – Fr. Gennrich: Mittelalterliche Lieder mit textloser Melodie, in AfMw. 9/1952, S. 120. – E. Jammers: Dt. Lieder um 1400, in: Acta musicol. 28/1956, S. 28.

[17]) Fr. X. Wöber: Der Minne Regel von Eberhardus Cersne aus Minden, 1404, 1861. – Fr. Gennrich: 4 dt. Lieder des 14. und 15. Jhs., in: AfMw. 11/1954, S. 269.

[18]) Singebuch des Adam Puschman nebst den Originalmelodien des M. Behaim und H. Sachs, hrsg. von G. Münzer, 1906.

[19]) Singebuch des Adam Puschman (wie oben). – Zur Notation des Meistersanges, in: Kongreßbericht der I. M. G., Basel 1906. – B. Nagel: Der dt. Meistersang. Poet. Technik, mus. Form und Sprachgestaltung der Meistersinger, 1952. – Ders.: Meistersang, 1962. (Sammlung Metzler.) – F. Schnell: Zur Geschichte der Augsburger Meistersingerschule, 1961.

[20]) Nicht berücksichtigt wurden (bis auf einige Beispiele der Kolmarer Handschrift) die Sammlungen geistlicher Lieder. Hierzu: W. Bäumker: Niederländ. geistl. Lieder nebst ihren Singweise aus Hss. des 15. Jhs., in: Vj. f. Mw. 4/1898. – P. Runge: Die Lieder der Melodien der Geisler des Jahres 1349, 1900. – J. Müller-Blattau: Zur Form und Überlieferung der ältesten dt. geistl. Lieder, in: ZfMw. 17/1935, S. 129.

von Melodien vorhanden ist, daß aber die Blütezeit, der Frühling und der Sommer des Minnesanges, fast leer ausgeht. Diesen Mangel möchte man gern beheben, und es scheint sich der Weg der Kontrafakten anzubieten. Kontrafakten sind die Neutextierungen alter Melodien, und so möchte man diesen Weg sozusagen von zwei Richtungen her benutzen: Einesteils sind alte Lieder von Meistersingern benutzt worden, und man kann versuchen, aus der Weise der Meistersinger die der Minnesänger zu rekonstruieren[21]); anderenteils möchte man vermuten, daß die frühen

Literatur zum Epos: A. Geering: Die Nibelungenmelodie in der Trierer Marienklage, in: Bericht über den 4. Kongreß der I. M. G, Basel 1949. – E. Jammers: Das mittelalt. dt. Epos und die Musik, in: Heidelberger Jb. 1/1957, S. 30. (Bespr. von Bertau und Stephan, in: Z. f. d. A. 89/1959, S. 57.) – Ders.: Der musikalische Vortrag des altdt. Epos, in: Der Deutschunterricht 2/1959, S. 98. – K. H. Bertau und R. Stephan: Zum sanglichen Vortrag mhdt. Epen, in: ZfdA. 87/1957, S. 253.

Zur Ergänzung der Quelleneditionen und -forschungen noch ein Hinweis auf die Ausgaben und Studien, die einzelne Meister betreffen: So Walther von der Vogelweide: K. Bützler: Untersuchungen zu den Melodien W. v. d. Vogelweide, 1940. – Fr. Maurer: Die Lieder W. v. d. V., 1955 und 1956 (G.Birkner). – Fr. Gennrich: Zur Liedkunst W. v. d. V., in: ZfdA. 85/1954, S. 203. – K. H. Schirmer: Die Strophik W. v. d. V., 1956.

Wizlaw: Fr. Gennrich: Zu den Melodien W., in: ZfdA. 80/1943, S. 86.

Frauenlob: K. H. Bertau und R. Stephan: Wenig beachtete Frauenlob-Fragmente, in: ZfdA. 86/1955, S. 302. – Ferner MGG sub voce.

Von Auswahlsammlungen seien erwähnt: v. d. Hagen: Minnesinger 4/1838. – G. Reichert, in: C. von Kraus: Minnesang des 13. Jhs., ausgewählt von H. Kuhn, mit Übertragung der Melodien von G. R., 1953. – Fr. Gennrich: Troubadours, Trouvères, Minne- und Meistergesang, 1951. (Das Musikwerk.) – Fr. Gennrich: Mittelhochdeutsche Liedkunst, 1954. (Musikwiss. Studienbibl. H. 10) – Viele Beispiele bringt ferner: H. J. Moser: Geschichte der dt. Musik, Bd. 1 (mehrere Auflagen) – ders.: Minnesang und Volkslied, 1925. – Ostdt. Minnesang. Auswahl u. Übertrg. v. M. Lang; Melodien hrsg. v. W. Salmen 1958.

Die folgenden Werke werden in den weiteren Ausführungen wiederholt und gekürzt zitiert: Fr. Gennrich: Grundriß einer Formenlehre des mittelalterl. Liedes, 1932. – H. Husmann: Das Prinzip der Silbenzählung im Liede des zentralen Mittelalters, in: Mf. 6/1953, S. 8. – Ders.: Das System der modalen Rhythmik, in: AfMw. 11/1954, S. 1. – E. Jammers: Struktur und Vortrag im gregor. Choral, in: Kirchenmus. Jb. 35/1951, S. 16. – Ders.: Musik in Byzanz, im päpstlichen Rom und im Frankenreich, 1962. – H. Kuhn: Minnesangs Wende, 1952. – L. Schrade: Handbuch der Musikpaläographie (im Druck).

[21]) Siehe weiter unten Abschnitt: Spruchmelodien.

Minnesänger, als sie französische oder provenzalische Texte nachahmten und den Versbau der Vorbilder übernahmen, auch deren Melodien übernahmen[22]). Über die Schwierigkeiten, die bei solchem Vorgehen damals bestanden, und die Irrwege, die sich dabei für die rückblickende Forschung heute ergeben können, werde weiter unten berichtet. Daß große Schwierigkeiten sich ergeben mußten, macht schon der große zeitliche Abstand — etwa zwischen Walther und den Aufzeichnungen, sei es auch nur der Kolmarer Handschrift —, macht aber auf der anderen Seite die Verschiedenheit der Sprache der Deutschen und Romanen wahrscheinlich. Es handelt sich bei der Kontrafaktur nicht um die Methode, die heute denkbar wäre, daß man auf einem Notenblatte den alten Text ausgestrichen und durch einen neuen ersetzt hätte. Denn dieses Notenblatt gab es nicht. Die Melodie war also den Gefahren des Zersingens, des Mißverständnisses, der Umgestaltung ausgesetzt — im Laufe der Jahrhunderte oder bei dem Weg von der einen Sprache in die andere. Und da wir nun keine echten Melodien der deutschen Frühe haben, so fehlen die Maßstäbe, um zu urteilen, ob etwa solche Umwandlungen stattgefunden haben. Trotz dieser erheblichen Bedenken darf man aber diese „Quelle" nicht vernachlässigen; als Ersatz für das fehlende Bessere müssen sie bei der vorliegenden Auswahl mitbenutzt werden.

Jenes Notenblatt, das eine Kontrafaktur hätte sichern können, fehlte. Die Aufzählung der Quellen ergab, daß keine für den unmittelbaren Gebrauch bestimmt war. Die Lieder wurden auswendig vorgetragen. Sie wurden auch ohne das Hilfsmittel der Notenschrift erfunden. Man kann in keiner Weise voraussetzen, daß ein Heinrich VI. oder Friedrich von Hausen oder auch ein Walther von der Vogelweide die Notenschrift beherrschte. Ähnliches gilt von den Trouvères und Trobadors. Wohl dürfte es Repertoirehefte der Berufsmusiker, d. h. der Spielleute, gegeben haben, die unter Umständen einer Gedächtnisstütze bedurften, — aber doch auch

---

[22]) Fr. Gennrich: 7 Melodien zu mhd. Minneliedern, ZfMw. 7/1924–25 S. 65. – U. Aarburg: Melodien zum frühen deutschen Minnesang, in: ZfdA 87/1956–57, S. 24. Neufassung in: Der dt. Minnesang, 1961, S. 378. – U. Aarburg: Singweisen zur Liebeslyrik der deutschen Frühe, in: H. Brinkmann: Liebeslyrik, 1956. – E. Jammers: Der Vers der Trobadors und Trouvères und die deutschen Kontrafakten, in: Medium aevum vivum. Festschrift W. Bulst, 1960, S. 147.

diese ohne Noten. Die Existenz solcher Repertoiresammlungen[23]) läßt sich ziemlich sicherstellen. Sie stellten den Grundstock dar, den Keim, aus dem sich unsere Liederhandschriften entwickelten, und sie begegnen uns ziemlich deutlich bei dem Zustrom, der die Manesse-Handschrift ausweitete[24]). Zwar steht dieser Annahme entgegen, daß der Grundstock-Maler (G) dieser Handschrift den Boten mit dem Gedichtbriefe oder überhaupt den Transport des Gedichtblattes als Motiv außerordentlich häufig und in vielen Abwandlungen als Bildmotiv benutzt; aber der Bote und das Blatt sind nur notwendige Symbole für den Vortrag des Liedes vor der Geliebten, für die vorgetäuschte Bestimmung des Liedes für eine „ungenannte Dame" – und schließlich nur ein malerisches Gegenstück zu dem poetischen Spiel des Wächters, der mit den Liebenden im Bunde steht.

Der Minnesang ist also eine Kunst, die weder dichterisch noch musikalisch, weder zum Vortrag noch zur Entstehung der Schrift bedarf; eine Kunst, die gehört und nicht gelesen wurde. Daraus ergeben sich Folgerungen: Hier sei erwähnt, daß unter solchen Umständen eine „Originalgestalt" im heutigen Sinne der Literatur- und Musikwissenschaft nicht gegeben ist. Die Gestalt liegt jederzeit vollständig in der Hand zum mindesten des Autors[25]). Eine andere Folge ist die unbedingte Einheit von Dichter und Musiker, von Text und Musik. Erst wenn diese beiden Elemente des Werkes vollständig zusammenklingen, wird das Gedächtnis sie aufnehmen können.

Diese Schöpfung für das Ohr ist aber nicht eine vereinzelte Erscheinung. Auch das Epos ist für das Ohr verfaßt. Es wird mit der Singstimme vorgetragen; das bezeugen deutlich die neumatische Melodie des Heidelberger Otfrids und die Rhythmuszeichen des Wiener Otfrids[26]). Das Spielmannsepos wird dabei auswendig vorgetragen: stilistisch ergibt sich dies aus der Formelhaftigkeit der Sprache und der Wiederholungstechnik des Erzählens; was die überliefernden Handschriften angeht, aus der Vernachlässigung der Verse bei ihrer Niederschrift. Die Reime und Vers-

---

[23]) Fr. Gennrich: Die Repertoire-Theorie, in: Zs. f. frz. Sprache u. Literatur, 66/1956, S. 81.
[24]) Vgl. etwa das Liederbüchlein Geltar-Gerdrut (K. v. Kraus: Deutsche Liederdichter des 13. Jhs., Bd. II; Kommentar besorgt von H. Kuhn, 1958, S. 77 und 430.)
[25]) Siehe auch weiter unten bei der Frage der Tradition. Ähnlich Kippenberg, a. a. O. S. 197.
[26]) E. Jammers: a. a. O.

schlüsse sind nur durch Punkte angedeutet, aber beim etwaigen Ab- und Vorlesen nicht sofort zu erkennen. Die höfischen Epen mit ihren vielen tausend Versen sind freilich in klar erkennbaren Versen geschrieben, wie es für den Vortrag erforderlich ist; das große Format verbietet aber, sehr oft recht deutlich [27]), die „stille Lektüre". Diese Handschriften sind also für den Vortrag bestimmt, ähnlich den gleichformatigen von Legenden oder auch einigen mystischen Schriften [28]), die vom Lesemeister klösterlicher Gemeinschaften im Herrenrefektorium, etwa beim Mahle und unter Umständen von einem dafür vorgesehenen Balkone [29]) vorgelesen wurden.

Selbst die Briefe waren für das Ohr bestimmt. So las Ambrosius einen an ihn gerichteten Brief – für sich allein – vor (wurde aber dabei von Augustinus gehört [30]).)

So muß grundsätzlich diese Rolle des Ohrs bei der Beurteilung und dem Verständnis der Literatur vor der Verbreitung des Papiers im Abendlande wohl beachtet werden.

Die Einheit von Musik und Dichtung

Wenn Musik und Dichtung zu einem Kunstwerk zusammentreten, so müssen sie natürlich eine Einheit bilden. Das ist selbstverständlich. Diese Einheit kann aber nach Art und Grad verschieden sein. Sie kann selbst in dem zeitlich begrenzten Rahmen der heutigen Musik auf verschiedene Weise gebildet werden: Die beiden Künste können sich beim einzelnen Worte oder beim Satz zusammenfinden, in den Gliedern des Werkes oder gar erst im Gesamt, indem erst beim Schluß sich die Zugehörigkeit beider Komponenten ergibt. Es kann ferner eine Einheit von Gleich-

---

[27]) Wolframs Parzival A (Heidelberg Pal. germ. 364) hat die Ausmaße 30,5 × 36,4 cm.

[28]) Einige mystische Schriften des Klosters Salem lagen auf dem Vorderdeckel auf – gleich den Büchern, aus denen bei der Messe vorgelesen wurde (im Nachklang an die hebräische Herkunft der Bibel).

[29]) So in Maulbronn.

[30]) Vgl. Augustinus: Confessiones VI, 3.

berechtigten sein, es kann sich aber auch um ein Dienst- und Herrschaftsverhältnis handeln.

Welcher Art ist die Einheit von Dichtung und Musik im Minnesang? Ein Vergleich kann die Antwort vielleicht erleichtern. So mögen zwei Herbstlieder: Schuberts „Letzte Hoffnung" in der Winterreise (Nr. 16) und Wizlaws „Loybere risen" (vgl. Melodie 70) einander gegenübergestellt werden. Zunächst eine kurze Charakteristik.

Schuberts Text ist ein Gedicht Wilhelm Müllers, ein Werk von mittelmäßigem Werte, wie so oft bei Schubertschen Vertonungen, ein Werk, das nur durch Schubert lebt. Ein Ich spricht zu uns; es bekundet uns seine innere Haltlosigkeit, indem es sich mit den schwankenden und fallenden Blättern im Herbst vergleicht, oder durch sein unstetes Gehen und Stehenbleiben. Die Musik nun beginnt vorher, erweckt durch tonale und rhythmische Unbestimmtheiten in uns die Stimmung der Haltlosigkeit: wir fühlen dank ihr mit jenem Ich, wir gehen mit ihm und bleiben mit ihm stehen, je nachdem die Musik fortschreitet oder zum Stillstand kommt, und wir erleben schließlich den Ausbruch der Verzweiflung, in einer Art, die dem Menschen des 20. Jahrhunderts fast zuwider ist.

Wizlaws Herbstlied ist wesentlich anderer Art. Das Ich des Liedes tritt nicht als ein Mensch mit einem besonderen Schicksal auf, es ist ein beliebiger der Gesellschaft, und was gesagt wird, sind typische Wendungen. Der Herbst ist nicht das Bild unserer Traurigkeit, sondern nur Mittel, die sieghafte Kraft der Freude, welche die Dame gewähren kann, zu zeigen. Eine solche Hingabe an die Trauer und Verzweiflung, wie sie das Schubertsche Lied vorführt, eine solche Haltlosigkeit, wäre im Sinne des Mittelalters Sünde. Indem der Künstler des 19. Jahrhunderts sie objektiviert, bewältigt er sie und bereitet seinem Auditorium künstlerischen Genuß. Die Freude Wizlaws ist aber unmittelbare Lebensfreude, die Lebensfreude der adligen Gesellschaft, der das sprechende Ich (und das ist Wizlaw) als Vertreter aller angehört. Soviel zur Charakteristik beider Lieder.

Was aber nun die gestellte Frage betrifft: Schuberts Text ist entstehungsmäßig vor dem Gesamtwerk vorhanden; die Musik tritt hinzu; sie verdeutlicht die Stimmung, das Bild, die Bewegung des Ichs von Baum zu Baum und sein Stehenbleiben ... Das Gedicht verliert seine Selbständigkeit und geht in dem neuen Ganzen auf. Formal aber geht die Musik dem Texte voraus. — Wizlaw, der Musiker, aber geht keiner

Einzelheit nach; das leidvolle Bild des Herbstes, die fallenden Blätter, der mörderische Reif und der Triumph der Freude, die Aufforderung, mit dem Dichter zu jubeln – das wird alles mit der gleichen Melodie vorgetragen: jede Strophe besitzt die gleiche Melodie und auch diese Strophenweise besteht in der strengen Liedform AABA nur aus dem dreimal wiederholten Stollen und dem formal notwendigen Zwischenstück des Abgesanges – also im Grunde genommen nur aus einer sehr einfachen Melodiebewegung. Das, was bei Wizlaw beiden Künsten gemeinsam ist und aus dem Werk eine Einheit schafft, das ist nur die gemeinsame Form, man könnte sagen, das ist nur die gemeinsame Formwerdung. Es ist die gemeinsame Existenz und Entstehung – keine Kunst vor der anderen, keine Silbe ohne Musik, kein Ton ohne Text – und der gemeinsame Zweck der erhöhten Lebensfreude durch diese Form.

Diese Einheit finden wir natürlich nicht bloß beim Liede vor, das durch und mit der Musik die Form gewinnt; es ist die selbstverständliche Einheit der gesamten mittelalterlichen Dichtung, die für das Ohr bestimmt war. Sie liegt vor sowohl bei der lateinischen wie bei der volkssprachigen, bei der kirchlichen wie bei der weltlichen Dichtung. Sie besteht bei der Lyrik, sie besteht aber auch bei der Epik oder dem Lied. Sie versteht sich also grundsätzlich, und nur jene Dichtung ist ausgeschlossen, die sich nicht an das Ohr wenden kann, die vielmehr nur der Schrift ihr Dasein verdankt, also die Tituli unter den Bildern, die Epitaphien[31]) auf den Grabsteinen und dergleichen mehr. Und nur jene Musik gehört nicht hierher, die nicht liturgisch oder standesgebunden war, die vielmehr ausschließlich „Gebrauchsmusik" sein will, wie die Signale –, vielleicht auch die Tänze der Spielleute, die außerhalb der Gesellschaft standen.

Diese Einheit ist also ursprünglich: Das soll nicht bloß besagen, daß sie entwicklungsgeschichtlich gesehen älter ist als die einzelnen Künste: das ist eine These, deren allgemeine Richtigkeit von der Ethnologie erkannt worden ist, und die in unserem Falle der deutschen Musik und Dichtung sich außer aus dem germanischen Erbe auch aus dem übermächtigen Einfluß der lateinischen Liturgie erklärt; ursprünglich,

---

[31]) Über Epitaphien mit Neumen berichtet aber sogar H. Anglès: El codex musical de la Huelgas, 1931 (Bibliot. de Catalunya, Publ. del Dep. mus. VI) I/1931, S. 26 und 27. (Handschrift Madrid Bf 10029 f. 54/55.)

das will vor allem besagen: Nicht zwei Künste begeben sich einer vorangehenden Selbständigkeit, geben sich mehr oder minder preis, indem sie zusammentreten, damit das Werk nunmehr als gemeinsames Werk entstehe, sondern dasjenige, was eine Aussage aus der Ebene des Alltags heraushebt in die dauernde Gültigkeit, das ist etwas Einheitliches, und nur in der theoretischen Betrachtungsweise kann es zwei gesonderten Künsten zugewiesen werden, indem bei dem gleichen Vorgang hier mehr der sprachliche, gedanklich-syntaktische, dort mehr der tonale Zusammenhang ins Auge gefaßt wird. Diese Einheit besteht also im Grunde darin, daß der Text, von Anbeginn für das Ohr bestimmt, von Anbeginn gesungen, mit der Singstimme vorgetragen und so geformt wurde. Das bedeutet natürlich auch eine **personhafte** Einheit von Dichter und Musiker, eine Einheit, die so selbstverständlich ist, daß der Musiker fast nie erwähnt wird, - bis auf den Fall eines Dichters am Ende oder schon jenseits dieses Endes des Minnesangs, der nicht mehr Musiker sein konnte[32]), bedeutet aber auch, daß die musikalische Kompositionskunst recht einfach ist und im Prinzip mit der textlichen Formkunst zusammenfällt.

Die Musik des Minneliedes tritt also nicht zum Texte hinzu, sie braucht und vermag ihn nicht zu klären und erklären, nicht zu deuten, aus- und umzudeuten; sie braucht keine Stimmung zu schaffen, hinzuzufügen; sie braucht und soll keine „dichterische Atmosphäre" schaffen, die der Dichter vielleicht erfolglos erstrebt hatte – sie läuft auch kaum Gefahr, hinter der formalen Kraft des Dichters zurückzubleiben – so daß man sagen könnte, dieser Künstler war als Versformer größer und jener als Musiker. Sie hat nur die Aufgabe, mit dem Text gemeinsam Form zu schaffen, damit diese gemeinsame Form das Ausgesagte aus der Welt des Alltags und des Zufälligen und Belanglosen hinaushebt in die Welt des Gültigen.

Dabei müssen wir diese mittelalterliche Dichtung und Musik deutlich unterscheiden von anderen Epochen, in denen auch für das Ohr geschaffen wurde, in denen Text und Musik gleichfalls ursprünglich zusammengehören: es sind die Epochen der Antike und der christlichen Frühzeit. Die Einheit der Antike beruht auf der musikalischen Gestalt des gesprochenen Wortes. Dieses hat als solches bereits Tonhöhe und Ton-

---

[32]) Hugo v. Montfort benötigte den „Knappen" Burk Mangolt für die Vertonung seiner Texte.

dauer; d. h. in der Antike besteht die Einheit der Elemente bereits im Worte selber und vor der künstlerischen Gestaltung[33]). Indem diese beiden Elemente: Tonhöhe und Tondauer, geordnet und festgelegt werden, entsteht gleichzeitig Poesie und „Musik". So ist dieser Musik eine klare Immanenz eigentümlich: Sie ist nicht schön und voller Dasein als Ordnung des Textes, sondern sie ist der zum schönen Kosmos gewordene melodiehaltige Text selber.

Die Einheit liegt beim Choral sozusagen am entgegengesetzten Ende: Der musikalische Ton ist nicht mehr Bestandteil des gesprochenen Wortes, sondern nur Mittel des Aussprechens, des Sprechens mit der Singstimme. Er ist für das liturgische Geschehen auf der einen Seite völlig belanglos, so belanglos, daß die Liturgie der Messe als „stille Messe" auf die Musik verzichten kann, und auf der anderen Seite doch so notwendig um der liturgischen Gemeinschaft willen, daß der eben erwähnte Verzicht erst denkbar und möglich wird, als der Gemeinschaftscharakter verblaßt, als statt der Wir-Gebete Ich-Gebete neu formuliert werden: so daß der musiklose Text nur statthaft, aber nicht volle Ordnung ist. Diese Musik will also nie Kunst an sich sein, sie will nur der Liturgie dienen (was freilich ohne höchste Kunst nicht möglich ist). Sie ist da, weil die liturgische Gemeinschaft nur bei einem Vortrag mit der Singstimme bestehen kann, und so wird sie Teil der Liturgie, des gottesdienstlichen Geschehens. Die Liturgie der christlichen Gemeinschaft besteht aus Zeichen, Ordnungen, Formeln: Formeln der Sprache (wie der Kursus) und Formeln der Musik, beide aber vom Logos oder Pneuma gestaltet. Durch die richtige und geordnete Anwendung dieser Formeln entsteht gleichzeitig Liturgie und Musikwerk. Diese ist aber nicht schön durch das, was sie klanglich ist, sondern sie ist gültig, weil sich der Mensch durch das von ihren Formeln getragene Wort der Transzendenz öffnet, weil er spürt, daß er so zum Transzendentalen, zu Gott geführt wird[34]).

Die Einheit von Wort und Ton – in der Antike also sozusagen angeboren, in der christlichen Frühzeit in der Herrschaft des Wortes be-

---

[33]) Thr. Georgiades: Der griechische Rhythmus. Musik, Reigen, Vers und Sprache, 1949 (u. a. Werke).
[34]) E. Jammers, Musik in Byzanz, S. 328.

stehend, das nach der Singstimme verlangte – ist in der mittelalterlichen Musik nun von ganz anderer Art. So sehr der Choral nachwirkt[35] –, es liegt etwas Neues vor, das zwar in der Antike schon bestand, das aber im römischen Choral nicht denkbar war. Man beobachtet dieses Neue zunächst sehr deutlich beim Texte: er hat sich gewandelt. Das Wort des Chorals, Gottes Wort, war Prosa, auch wenn es im Hebräischen Verse bildete. Es wurde nicht geformt, es sei denn, daß der aus einem Ganzen herausgelöste Text kleiner Änderungen bedurfte. Jetzt, im 2. christlichen Jahrtausend, besteht der Text aus Versen, er wird geformt. So beginnt das Ästhetische, d. h. der Blick und das Verlangen nach Form, Einzug zu halten. Der Unterschied ist immer sehr scharf beachtet worden. Die Hymne, Erbe der Antike, deren Worte nach dem Metrum geordnet waren, wurde stets angezweifelt, was liturgische Gültigkeit und Erlaubtheit betraf, und erst im späten Mittelalter – als die neue Form herrschend geworden war – von Rom anerkannt und in die liturgischen Bücher aufgenommen.

Diese neue Form aber war nicht mehr eine Ordnung der naturgegebenen Tonwerte, ein Erzeugnis des rechten Messens, sondern war eine Ordnung der Bewegung, des Flusses zu einem Ziel hin, des 'Rhythmus'. Diese Bewegung zu einem Ziele hin entstammte dem Choral, der Musik, die aufwärts führen will, der Musik jener Menschen, die sich grundsätzlich als Wanderer betrachten. Aber nun wird diese Bewegung beachtet, geformt: sie wird schön. Und diese Formung erstreckt sich einheitlich auf Wort und Musik. Es ist ein Rhythmus. Dieser Rhythmus also formt, formt gleichzeitig die Textworte zu einem Vers, die Töne zu einer melodischen Periode. Ohne ihn wären Text und Musik keine Kunstwerke, mit ihm bilden sie eine unzerlegbare Einheit. Es sind keine Formeln mehr, sondern „Motus"[36], Bewegungen, die hier entstehen – textliche, musikalische, aber im Grunde nur einige wenige, die in immer neuer Variation zusammengefügt werden. Es handelt sich nicht um eine natur- oder

---

[35] E. Jammers: Choral und Minnesang, in: Festschrift H. Besseler, 1961, S. 137.
[36] Notker bezeichnet in seinem bekannten Briefe über die Erfindung der Sequenzen (dieser zuletzt erörtert von H. Husmann: Die St. Galler Sequenztradition in: Acta musicol. 26/1954, S. 6) die Töne der Neumen als „Motus".

liturgiegegebene Einheit wie in der griechischen Welt oder der des alten Chorals, sondern um das gemeinsam herangebrachte formale Element des Rhythmus: Dieser Begriff ist natürlich dabei im weitesten Sinn des Wortes zu verstehen, als die Macht, die den Zeitablauf in diesen Werken ordnet vom geringsten Einzelton an bis zum Werke als Ganzes. Durch ihn entsteht also ein Kunstwerk literarisch-musikalischer Art, und die Form, d. h. also im besonderen der Rhythmus, muß im Vordergrund der Erörterung stehen, wenn wir die Melodien des Minnesangs begreifen wollen [37].

Die gesungene Dichtung

Ist diese Literatur und insbesondere die Lyrik des Mittelalters eine Dichtung für das Ohr und nicht für das Auge gewesen und hat die Musik die Form des Textes geprägt, d. h. vor allem, hat der Rhythmus des Textes nur in Verbindung mit dem Rhythmus der Musik seine Gestalt gefunden, so erhebt sich sofort die Frage nach dem Sinn der Beteiligung der Musik. Was bedeutet diese innige Bindung nun für den Text? Was hat sie bei ihm begünstigt, oder wozu hat man den gesungenen Vortrag gefordert? Man wird vielleicht glauben: weil uns diese Lyrik trotz des Verlustes der zugehörigen Musik die Freude an ihrer Schönheit gewährt, so ist dieser Verlust zwar im Bereich der Musikgeschichte bedauerlich, aber für den Leser der Texte ist er belanglos. Die Form ist geprägt worden, sie ist vorhanden. Was kümmert es, wer sie geprägt hat?

Nun ist klar: die Musik hat diese Strophen und diese Verse so geprägt, daß der Dichtung die Erinnerung an diese Musik nie verloren gehen kann. Die Verse und Strophen sind musikalisch geworden (zu unserem Glück, sonst wäre aller Zugang versperrt) und demjenigen, der ein Gespür für Musik und diese Musik hat, kann es gelingen, die Musik beim Vortrage und sogar beim Lesen durchklingen zu lassen. Das ist aber kein

---

[37] Um Mißverständnissen vorzubeugen: Einheit bedeutet weder Einmaligkeit noch Starrheit. Die Form wird auch für andere Strophen oder andere Texte gewonnen, und sie wird im lebendigen, mündlichen Vortrag stets neu errungen.

Einwand. Ein solcher Vortrag ist ein notwendiger Behelf, aber doch ein schwacher Behelf, eine Erinnerung; aber die durch die Musik gewordene Form war damals Neuleistung. Die Eroberung des rhythmischen Verses war die große Leistung jener Jahrhunderte – für uns ist er eine Selbstverständlichkeit, für jeden Dichterling erreichbar und schon nicht mehr für jeden Dichter heute erstrebenswert. Damals aber war jede neue Versgestalt, jede neue Strophenform eine Eroberung, welche die Zeitgenossen mit Sachkenntnis würdigten.

Die Musikalität des mittelalterlichen Verses ist ferner etwas anderes als die des heutigen musikalischen Verses. Seit sich Musik und Sprache getrennt haben, haben beide Künste doch Erinnerung an die Schwesterkunst bewahrt: Die Musik ist zu einer Art Sprache geworden, und viele Gedichte besitzen in sich Musik; aber je mehr die Musik Sprache ist, um so unmöglicher ist es, sie zu textieren, und je mehr vom Gesang der Vers der Neuzeit in sich aufgenommen hat, um so schwieriger ist es, ihn zu vertonen.

Auch der Übergang von der gesungenen zur gelesenen Dichtung war keine Belanglosigkeit. Die vorgetragene, insbesondere die gesungene Dichtung spricht anders zu uns als die gelesene. Nicht bloß, daß die Beteiligung der Musik die Bereitschaft des Menschen aufzunehmen steigert – daß so das Wort tiefer eindringt und anders erfaßt wird –, der Gesang erzeugt zunächst ein viel langsameres Tempo; die Aufmerksamkeit verweilt unvergleichlich länger bei dem einzelnen gesungenen Wort als beim gelesenen; die gedankliche Einzelheit des Wortes oder Verses ist es nunmehr, die vor dem Hörenden steht, und nicht so sehr der Gesamtkomplex des Liedes, der vom schneller Lesenden vielleicht sofort als Gesamtheit aufgenommen wird.

Vor allem aber: der Vortrag richtet sich nicht an einen Einzelnen, sondern an eine Gesellschaft, und formt sie zur Gemeinschaft – weil er das ausspricht, was die vielen hören wollen, und wenn die Singstimme den ganzen Raum durchdringt (und die Singstimme kann das müheloser und besser als die Sprechstimme), so kann sich ihr keiner entziehen, nicht ihr und nicht dem Vorgetragenen. So baut und erbaut der Vortrag des Dichtwerkes die Gemeinschaft. Er tut es im Saal des adligen Hauses und tat es schon beim Mahle Karls des Großen und seiner Vorfahren, er tat es im Refektorium der Herrenmönche, wenn sie das Passional, die

Legenda aurea oder die Bücher vom „Inneren Menschen" der Mystik hörten, und tut es noch in der Kirche, wenn Epistel und Evangelium gesungen werden – er tat es schon bei den Phäaken, als man vor dem schiffbrüchigen Odysseus die Ballade von seinem eigenen Schicksal sang.

Aber die vorgetragene Dichtung baut die Gemeinschaft noch in besonderer Weise auf. Das Auge vermittelt Wissen, der Glaube aber erwächst aus dem Hören, wie es im Römerbrief heißt. So entsteht eine Gemeinschaft, die an das gleiche Ideal des Dienstes, das gleiche Vorbild des Artusritters, des Gralsuchers, des Minners und des Kreuzfahrers glauben, oder in der gröberen Welt der noch Ungebildeten: es entsteht bei ihr die Gemeinschaft derer, die an das Ideal des Recken und des Wundertäters glauben.

Und so ist die Welt der gesungenen, mit der Singstimme vorgetragenen Dichtung und ihre Realität[38]) eine andere als die der gelesenen neuzeitlichen Dichtung – (sei es, weil die neue Möglichkeit der Verbreitung mittels Papier und Druck die neue Literatur ermöglichte, sei es, daß eine neue Art des Denkens die alte Art des Vortrags entbehrlich oder störend fand). Freilich ist die „Realität" der mittelalterlichen Kunst auch anders als die der frühchristlichen Kunst – trotz aller Verwandtschaft.

Es gelten die Unterschiede aber für alles, was Kunst ist: ein Zeichen daß diese Art der Aufnahme des dichterischen Gedankens von wesentlicher Bedeutung ist. Man kann natürlich den Wechsel schon an der Illustration der Bücher feststellen: Anstelle der Bilder etwa der Manessischen Handschrift, mit dem typischen „höveschen" Gesichte des Adligen oder dem ebenso typischen derbknochigen des niederen Standes, und im luftleeren Raum, den ein Rahmen um die Bilder schafft – treten die Illustrationen der Lesedichtungen. Wie diese Illustrationen, so will die neue Dichtung die Wirklichkeit des Auges bilden, in der Nachahmung der „Natur". Sie lehrt Wissen, das man sich aneignen soll, zeigt Probleme, deren Lösungen man übernehmen soll, bringt Gefühle, Stimmungen, die man erleben soll. Die Dinge, die erzählten wie die gemalten, stehen in einem nachprüfbaren und rationalen, d. h. perspektivischen oder kausalen Zusammenhang; alles ist gesichert durch den Bezug auf

---

[38]) Zur Frage der Realität vgl. auch H. Kuhn: Dichtung und Welt im Mittelalter, 1959.

die Welt, die man erlebt, gesehen, in Griff bekommen hat. Auch die musikalischen Formen sind rational; die Töne und Klänge bedingen einander funktionell, in nachprüfbaren Regeln, die sich aus der harmonischen Natur der Tonleiter ergeben. Die ästhetische Wahrheit lebt mit ihren individuellen Bezügen von der Wirklichkeit, gesehen durch ein Individuum.

Zum Vergleich mögen zunächst Schöpfungen des ersten christlichen Jahrtausends dienen. Hier, in der Welt des christlichen Mysteriums haben das Wort und der Gesang der Liturgie, und ähnlich, wenn auch in geringerem Maße, die Bilder auf den Wänden der Kirche, eine Bedeutung, die allem sonstigen Wort und Werk überlegen ist. Das Wort ist „das Wort Gottes" oder das Wort der Kirche zu Gott, wie auch die Ikonen die Gegenwart des Herrn und seiner Zeugen vermitteln und die Herrlichkeit Gottes durchleuchten lassen. Sie sind allesamt Teile des Heilswerkes. Für den Gläubigen ist dieses Wort also nicht Kunstmusik und nicht Dichtung. Seine Realität ist die geglaubte transzendentale, der gegenüber die greifbare Wirklichkeit nur Vorübergang, Vorbereitung ist. Die Musik aber besteht aus Formeln für den Vortrag des liturgischen Wortes; sie ist abgestuft je nach der Feierlichkeit der Liturgie, und sie ist um das Rezitativ des Textes herum geordnet als Einleitung oder Abschluß – wobei der Schlußton belangloser als der Rezitationston ist. Die Musik verdankt also nicht rationalen, „harmonischen" Gesetzen der Tonalität ihre Gestalt.

Ähnlich dem Choral, zweifellos von ihm beeinflußt, ist die Musik der adligen Gemeinschaft; ähnlich der Realität der christlichen Liturgie und doch verschieden von ihr ist ihre Kunst und ihre Dichtung. Durch die Singstimme wird das Vorgetragene aus dem Bereich der Marktsprache, aus der Welt des Alltags, der gewohnten Beschäftigung herausgehoben. Die Singstimme unterscheidet sich nun von der Sprechstimme u. a. dadurch, daß die Laute in ihrer Gestalt, in Tonhöhe und Tondauer festgelegt werden[39]). Dabei könnte die jeweilige Sprachmelodie festgehalten

---

[39]) Vgl. H. H. Eggebrecht: Musik als Tonsprache, in: AfMw. 18/1961, S. 73 ff., bes. S. 81. Aber die mathematische Fixierung gilt nicht bloß für die Tonhöhe, sondern viel selbstverständlicher auch für die Tondauer. – Vgl. E. Jammers: Eine Notiz der „Commemoratio brevis" des 10. Jhs. über das Tempo beim Choral, in: Neue Heidelberger J. 1953, S. 98.

werden — das Ideal des individualistischen Zeitalters —, aber das ist damals noch nicht Ziel der Musik; die Stimme kann sich, von Kadenzen und Initien abgesehen, auf den einen Rezitationston beschränken — der musikalische Grundgedanke einer Gemeinschaft, die das gottesdienstliche Wort mit der geziemenden Ehrfurcht behandeln will[40]), die Musik kann auch Formen schaffen, bei denen sich Musikalisches mit Sprachlichem zu einem Ganzen verbinden —, in denen die Welt der Gasse und ihre Sprache durch eine feierlichere ersetzt wird.

Diese Welt ist zwar nicht mehr transzendental, aber sie ist geistig. Indem die Musik die einzelnen Worte herausstellt, begünstigt sie das Abstrakte, Begriffliche. Indem sie sich an das Ohr und den Glauben wendet, erlaubt sie die Wendung zum Idealen. Das vorgetragene Wort verpflichtet auf die Standesregeln des Adels. Die Realität des Tagesliedes oder des Artusromans liegt nicht im Bezug auf einen nachprüfbaren Ehebruch, eine erlebte Turnierfahrt, sondern in der Gültigkeit der Lehren, in der Vorbildlichkeit der „Liebe", wie sie sich beim Abschied oder auf der Ritterfahrt zeigt. Nicht das Individuelle ist wichtig, nicht das Tatsächliche ist wahr; das Begriffliche ist wahr, das durch die Ratio Begründbare ist wahr[41]). Und zu dieser Vergeistigung hilft der abstrahierende, gesungene Vortrag (mit mathematisch fixierten Tönen).

Der Verzicht auf die individuelle Wirklichkeit führt zum Spiel, etwa zum Spiel des vorgetäuschten Ehebruchs. Die Dichtung spielt mit gegebenen Motiven, ebenso die Musik. Das Spiel, frei vom Gedanken an den Nutzen, steht dem Adel zu und dem Kinde. Was aber das Spiel zusammenhält, ist die Form, sind die Regeln. Wiederum ergibt sich die Rolle der Musik als einer reinen Formkunst. Und man erinnere sich: die mittelalterliche Einheit von Dichtung und Musik bestand nicht in gemeinsamen Stimmungen und Affekten, nicht in Nachahmungen der Sprachmelodik oder dergleichen, sondern in der gemeinsamen Form.

Gemeinsame Form besagt dabei aber nicht notwendig, daß die untersten Elemente beider Künste zusammenfallen müssen, obwohl dies naheliegt und meist auch beachtet wird: Es paßt sich also der syntaktische

---

[40]) Vgl. E. Jammers: Musik in Byzanz, S. 15.
[41]) Wenn man das nicht beachtet, kommt man zu „Geschichts- und biographischen Klitterungen".

Satzteil dem Vers an, der auf musikalischer Grundlage beruht, der Satz dem Stollen, bei besonderer Kunst der Gedankengang einer Strophe dem Bau dieser Strophe, der ebenso wieder musikalisch bedingt ist. Diese Anpassung bedarf keiner Erläuterung. Höchstens, daß einige Ausnahmen die Bedeutung der Form besonders deutlich zeigen sollen: *Saehe ich die megde an der strâze den bal* – Hier bricht Walther den Satz ab, die Melodie des Verses ist zu Ende, sie kadenziert, sie pausiert und läßt dem Ball Zeit zu fliegen, bis die neue Zeile beginnt und triumphiert: *(saehe ich ... den bal) werfen, so kaeme uns der vogele schal.* Der Satz schwebt in der Luft, nachdem die Kadenz des Verses erfolgt ist. So wird der Flug des Balles sichtbar. Das Beispiel ist also eine gerechtfertigte Ausnahme.

In einem anderen Beispiel, im Palästinalied, scheidet Walther in einer Strophe nicht zwischen Stollen und Abgesang:

> *des was ie der vater geselle*
> *und der geist: den nieman mac –*
> *under scheiden:*

Hier wird die einheitliche, aber dreiteilige Strophe Sinnbild, das zeigt, wie bei Gott durch die Dreiheit der Personen die Einheit nicht geschieden wird.

Es gibt aber auch die andere Art, daß der sprachliche Aufbau sich bis zu einem gewissen Grade vom Motorisch-Musikalischen freimacht, so besonders oft beim Leiche oder gar beim Reimpaarepos, wo steter Zusammenfall von Reimpaar und Satz sogar unerträglich wäre. Aber auch beim Lied wird oft und sicher mit Absicht ein Satzschluß beim zweiten Stollenschluß vermieden[42]. Entscheidend ist vielmehr, daß Vers, Stollen, Strophe des Liedes oder auch die Versgruppe des Leiches musikalisch gebaut sind. Das wesentliche Element dieser Musik aber und dieses Formenspiels überhaupt ist die Zahl; sie ist es besonders bei dem, was wir Rhythmus nennen, und das die lateinischen Schriftsteller geradezu „numerus" nennen. Um aber nochmals die Bedeutung der Musik für die ästhetische Wahrheit, die „Realität" der im Texte vorgetragenen Welt sichtbar zu machen: Nach der Zahl hat Gott die Welt geordnet; so lehrte

---

[42] Jedoch wird er dann an ein Zeilenende verlegt; in Walthers Beispiel fand er in betonter Form inmitten des ersten Verses des Abgesanges statt!

es z. B. Augustinus, und so weiß es das ganze Mittelalter[43]). Und so hat das ziffernmäßig Geordnete eine größere Realität als der zufällige Ausschnitt aus der gesehenen Welt, der von der Musik geordnete Vers eine größere als die Prosa, der mit fixierten Notenwerten gesungene Vers eine größere als der unmathematisch gesprochene Vers. Dem heutigen Menschen erscheint diese Rolle der Zahl als ein lächerliches Beiwerk; aber dafür kannte man und achtete man damals die Dinge nicht, die heute den ästhetischen Wert der Kunstwerke ausmachen.

Die Musik des Minnesangs

Soviel zum Verhältnis von Musik und Dichtung. Die zweite Frage, die erörtert werden müßte, betrifft die Eigenheiten der Musik, ihre stilistischen Merkmale, Tonalität, Rhythmus, Melodik und was sonst dazugehört. Über sie sollte die Schrift Auskunft geben.

Die Schrift: es sei hier nur das Notwendigste gesagt; die näheren Einzelheiten gehören der Notationskunde an[44]). Das Notwendigste ist aber dies, daß die Schrift eigentlich keine Auskunft gibt – zunächst nicht und in dem Sinne nicht, wie man sie heute von der Schrift erwartet. Es ist die sogenannte Choralnotenschrift. Ein äußeres Merkmal ist das Liniensystem aus 4 statt 5 Linien, – eine Belanglosigkeit, die allenfalls das besagt, daß man nur mit dem Umfang einer Singstimme, nicht eines Instrumentes rechnet. Die Noten haben eine ungefüge Form, und wenn auf einer Silbe mehrere Töne, d. h. wenn ein „Melisma" zu singen ist,

---

[43]) Zur Zahl vgl. man u. a. beim Epos H. Eggers: Symmetrie und Proportion epischen Erzählens. Studien zur Kunstform Hartmanns von Aue, 1956; bei der Lyrik (m. E. jedoch in unzulänglicher Methode): K. H. Schirmer: Die Strophik Walthers von der Vogelweide, 1956; in der Musik: W. Werker: Die Matthäuspassion (Bach-Studien II), 1923 (Bach-Studien III und eine Studie über die Zahl bei Mozart handschriftlich auf der S. Landesbibliothek Dresden) – E. Jammers: Die Barockmusik und ihre Stellung in der Entwicklungsgeschichte des Rhythmus, in: Festschrift M. Bollert, 1936, S. 255.

[44]) Vgl. demnächst den Beitrag des Verfassers zur Notation der einstimmigen weltlichen Musik in L. Schrade: Handbuch der mus. Notation.

so werden sie in einem Zuge geschrieben oder doch eng zu einem einzigen Zeichen zusammengestellt. So sind sie für den Anfänger etwas mühsam zu lesen, und es wird nötig sein, solche „Ligaturen" bei einer Übertragung in die moderne Notenschrift in die einzelnen Töne aufzulösen. Belanglos ist diese Art zu schreiben aber nicht. Sie besagt, daß der damalige Sänger nicht zuerst die einzelnen Töne hörte, sondern die Tongruppen als Ganzheit verstand, als gesungene Silbe, daß also die Melodie sich nicht aus Tönen zusammensetzte, sondern daß es sich um den Vortrag von Silben handelte. Das wird noch deutlicher, wenn man sich der Geschichte der Choralnotenschrift entsinnt. Sie hat sich aus der Neumenschrift entwickelt, und diese Neumen waren Aussprachezeichen, waren die alten „Akzente", Spiritus, Apostrophe und Bindezeichen der alexandrinischen Grammatiker [45]). Die mittelalterliche Choralnotenschrift unterschied sich nur in dem einen Punkt wesentlich von der Neumenschrift, daß sie die Tonhöhen mittels des Guidoschen Liniensystems genau fixierte.

Aber wenn man erkannt hat, daß die Schrift aus Aussprachezeichen entstanden ist, weiß man auch, daß diese Musik eine vokale Musik ist. Zeichen, die für ein Instrument bedeutsam sind – oder auch Noten ohne zugehörigen Text – lassen sich erst seit etwa 1400 nachweisen [46]). Von ihnen soll also später, mehr anhangsweise, gesprochen werden. Der Minnesang, überhaupt die Musik des adligen Mittelalters, ist schlechthin vokale Musik gewesen. Diese Herrschaft der Singstimme gilt vor allem seit dem Vordringen der Gregorianik im Norden, d. h. seit dem 8. bis 9. Jh. Vorher dürfte im Norden die instrumentale Musik eine größere Rolle gespielt haben. Natürlich hat es auch nach dieser Übernahme des südlichen Chorals eine instrumentale Musik gegeben, von den Signalen bis zu den Tänzen, wenn auch kaum etwas überliefert ist. Aber wir dürfen diese Begriffe: Vokalmusik, Instrumentalmusik, nicht in der heu-

---

[45]) E. Jammers: Die materiellen und geistigen Voraussetzungen für die Entstehung der Neumenschrift, in: Dt. Vjschr. f. Lit.wiss. u. Geistesgesch. 32/1958, S. 568.

[46]) Siehe auch weiter unten den Abschnitt „Lieder mit instrumentaler Begleitung". Manche Tropenmelodien mögen ursprünglich instrumental gewesen sein; es läßt sich aus der Aufzeichnung nicht erkennen, und sie wurden im Laufe des 11. Jhs. mit Texten versehen.

tigen, sozusagen technischen und begrifflich einander ausschließenden Gegensätzlichkeit verstehen. Vielmehr konnten die Sänger, die ihre Dichtungen vortrugen, durchaus Instrumente verwenden, und die Quellen berichten von begleitenden Instrumenten [47]. Nur kam diesen Instrumenten in keiner Weise eine maßgebliche Bedeutung zu. Ihre Verwendung war den Gegebenheiten des Augenblicks, den Wünschen des Vortragenden anheimgegeben, sie war *ad libitum;* das Instrument war technische Stütze des Sängers, aber es besaß keine Formaufgabe. Seine Tätigkeit war fast so belanglos, wie heute das Stimmen der Instrumente vor dem Konzerte. Diese Herrschaft der Singstimme bedeutete aber, daß das Geistige das Klangliche beherrscht. Wie der Choral ein Bekenntnis zu Gott ist, so der Minnesang zu den Lehren der Minne, den Gesetzen des Adels. Die Instrumentalmusik kann berauschen, sie wendet sich in erster Linie an das Gefühl [48]. Das Lied des Sängers aber erhebt, indem es sich an den Geist des Menschen wendet. Die Spielleute mögen also Musik gemacht haben, aber die erklang dann außerhalb des Gottesdienstes (wenn sie sich nicht als Tropus mit dem liturgischen Worte verband und so, bisweilen mitsamt dem zugehörigen Tanz, in die Kirche einschlich) und war verpönt, und die Spielleute solcher Musik waren von diesem Standpunkt aus mit Recht verachtet. Die Musik ohne Sprache stand also auch außerhalb des Minnedienstes [49]. Daß sich die Rolle des Instrumentes mit dem Ausklang des Minnesanges änderte, versteht sich von selber.

Die Musik des Minnesangs ist ferner **einstimmig**. Auch das aber bedarf einer ähnlichen Einschränkung und Erläuterung: Eine zweite Stimme konnte natürlich hinzutreten; aber sie blieb dienend. Sie ist bloß Stütze, indem sie auf dem gleichen Tone verharrt als liegendes Organum; oder sie erläutert, verdeutlicht als Parallelorganum oder als eine gemischte Form beider Organumarten die Bewegungen der Hauptstimme, so daß in beiden Fällen der Gesang im Grunde doch einbahnig

---

[47] So hat Walther eine Fidel beim Vortrag der Lieder in der Hand, ganz üblich – sonst wäre die Pointe des Liedes 62, 6: Ob ich mich selber rüemen sol – salzlos.

[48] Zu ihrer Wirkung auf das Gefühl vgl. Nibelungenlied, V. 1833 ff.

[49] Vgl. zu diesem Abschnitt auch Thr. Georgiades: Sakral und profan in der Musik, 1960. Münchener Univ.-Reden, NF. 28.

ist. Diese hinzutretende organale Stimme wird im übrigen meist instrumental sein. (Mit dem 15. Jh. stirbt dann diese Art einbahniger Musik aus.) Nicht übersehen sei, daß sich seit etwa 1200 eine echte mehrstimmige Musik an die Spitze der Kunstmusik emporgearbeitet hat, ja eigentlich die Gattung „Kunstmusik" erst geschaffen hat – aber das ist eine Musik, die für sich alle Aufmerksamkeit beansprucht, die das Wort nicht unmittelbar sprechen läßt, eine Musik, die der Universität, den Domkirchen oder den Kapellen der Könige und Fürsten, letzthin aber der Schrift ihr Dasein verdankt. Diese Musik ist keine Leistung der Gemeinschaft, sondern eine Kunst vor der Gesellschaft.

Die Musik des Minnesangs ist ferner solistisch. Ein Ich spricht, und es nennt sich bisweilen sogar. Dieses Ich betrachtet sich natürlich nicht als ein Wesen besonderer Art, das von der Zuhörerschaft wesentlich verschieden ist; es singt für sie, aber es geht auch nicht in der Menge auf, wie der einzelne im Chor oder der Landsknecht im Schlachthaufen. Von einem „Chore", d. h. von einer Gemeinschaft, kann der Kehrreim gesungen werden. Diesem begegnen wir in den romanischen Couplets oder Tornados, im Minnesang seit Ulrich von Winterstetten oder Frauenlob, in musikalischen deutschen Quellen aber erst bei späten Werken, etwa bei Liedern des Oswald von Wolkenstein oder der Handschrift Berlin 8⁰ 922. Durch dieses solistische Ich unterscheidet sich der Minnesang vom kult- oder brauchtumsgebundenen Lied, das man ihm vorangehen lassen möchte – aber auch vom „Volkslied" des 15. Jhs.; dieses, der Mehrstimmigkeit zur Verfügung stehend, ist nicht mehr notwendig solistisch.

Deutliche Aussagen macht die Schrift über die Tonhöhe. Wir gehen, kaum fehl, wenn wir hier einen Einfluß des Nordens sehen, insbesondere Galliens, dessen Musik nachweisbar [50]) vor dem Eindringen der Gregorianik viele Instrumente beschäftigte – und es wird richtig gewesen sein, dem Instrument die Rolle der dienenden Stütze zuzuerkennen. Die Instrumentalmusik aber legt klar fixierte Töne nahe. Einen anderen Einfluß dürfen wir in der Beschäftigung mit der antiken Theorie erblicken, die von fixierten Tönen ausging, deren Wellenlängen sie berechnete. Die

---

[50]) E. Jammers: Die materiellen und geistigen Voraussetzungen für die Entstehung der Neumenschrift, a. a. O.; oder W. G. Waite: The Era of Melismatic Polyphony, in: Intern. Musical. Society. Congress Report New York 1861, S. 181, mit Instrumentenzitaten in den Sequenzen von St. Martial usw.

Musik ist also diatonisch; die Töne dürften den Saiteneinteilungen entsprechen, die die damaligen Theoretiker nach dem antiken Vorbild am Monochord vornahmen, den 7 untemperierten Tönen der Skala C D E F G a h c usw. Die nicht-diatonischen Ziertöne eines rein vokalen Stils sind verlorengegangen, sowohl im Choral nach der Karolingerzeit (während sie der vorkarolingische römische Choral gehabt haben dürfte) wie in der weltlichen Musik. Diese Musik ist aber auch nicht pentatonisch, von gelegentlichen Ausnahmen abgesehen. Die Pentatonik (C D F G a c u. ä.), deren Oktave aus 3 Ganztönen und 2 Kleinterzen besteht, entbehrt der festen Fügung.

Die Durskala, mit C als Grundton, wird aber auch vermieden. Die Tonarten des Minnesangs sind in der Regel vielmehr Skalenausschnitte mit den Grundtönen D, E, F und G, d. h. die sogenannten Kirchentöne Dorisch und Hypodorisch (D), Phrygisch und Hypophrygisch (E), Lydisch und Hypolydisch (F), Mixolydisch und Hypomixolydisch (G). Das läßt sich historisch erklären. Es sind die gleichen Skalenausschnitte, wie

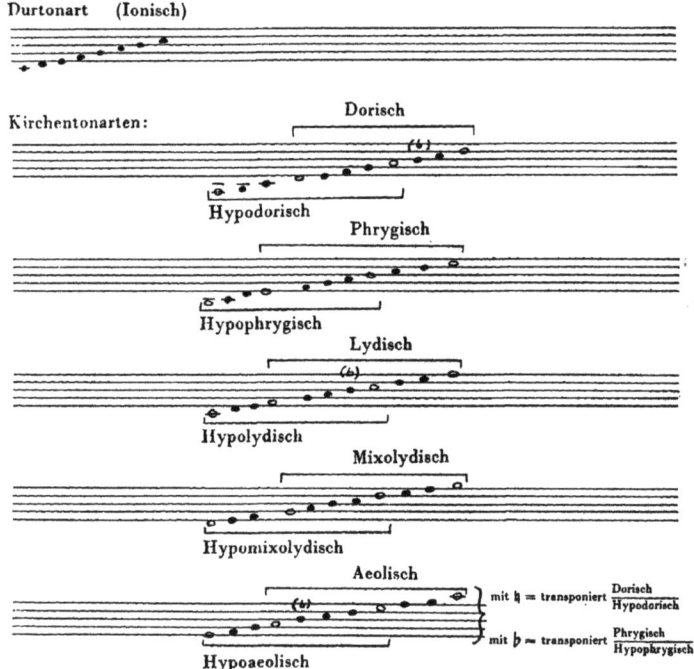

sie die Gregorianik benutzt, und so stoßen wir wieder auf dies große Vorbild des Minnesangs.

Die Verwendung der Töne D, E, F und G als Grundtöne hat aber auch einen tieferen Sinn. Im modernen Dur liegt der Halbton unmittelbar unter dem Grundtone. In den Kirchentonarten wechselt seine Lage, je nach dem Schlußtone. Es scheint so, als ob durch diese verschiedene Lage der Charakter der Kirchentonarten bestimmt würde, so wie die antiken Tonarten, die auch durch die Lage des Halbtones sich untereinander unterschieden, je nach seiner Lage ein verschiedenes Ethos besaßen. Die mittelalterliche Choralpraxis spricht aber ganz deutlich gegen eine solche Annahme von Tonartencharakteren. Man vertonte nämlich eine Gruppe von zusammenhängenden Gesängen, also von Antiphonen und Responsorien eines Offiziums nach der Ziffernfolge der Tonarten, also die 1. Antiphone in der 1. Tonart usw. Man befolgte dabei byzantinisches Vorbild – und ebenso wurde das Beispiel des Chorals im Minnesang nachgeahmt. Das anonym überlieferte Minnelied „Ich sezte mînen fûz" (Melodie 86) tut das gleiche im weltlichen Bereich: Die Tonarten seiner 4 Strophenteile sind durch die Ziffernfolge bestimmt: Der erste Strophenteil erklingt im Protos (Dorisch-Hypodorisch mit D-Schluß), der zweite im Deuteros (Phrygisch-Hypophrygisch mit E-Schluß), der dritte im Tritos (Lydisch-Mixolydisch mit F-Schluß) und der vierte im Tetrardos (Mixolydisch-Hypomixolydisch mit G-Schluß). Das ist also ein Usus, der die Zahl als Symbol der Ordnung benutzt und nichts mit Charakter zu tun hat.

Es ist aber nicht so, daß im mittelalterlichen Tonsystem die Lage des Halbtones bloß wechselte. Vielmehr wird die C-Skala vermieden. Hier liegt der Halbton unter dem Schlußtone, er ist Leitton (H → C) und übt als solcher einen Zwang aus. Er verleiht dem Grundtone der Durskala eine Kraft und Selbstverständlichkeit, die die D-, E- und G-Schlüsse der Kirchentonarten nicht besitzen. Bei F-Schlüssen wäre ein Leitton (E → F) an sich möglich gewesen, aber das E wird in dieser Kirchentonart fast grundsätzlich vermieden. Berücksichtigt man ferner, daß im wirklichen Dur durch Teilung der Wellenlänge die anderen Töne vom Grundtone als Obertöne abgeleitet werden, so könnte man diese Tonalität sozusagen als „natürlich" bezeichnen (wofern man überhaupt eine Tonalität als natürlich bezeichnen darf), und man dürfte ferner die

Tonalität der Kirchentöne als geistiger betrachten, weil ihre Schlußtöne frei gegen das natürliche Gewicht des C gesetzt werden. Das hat man damals auch deutlich empfunden; die C-Tonart galt als *tonus lascivus*, was zunächst Tonart der nicht-geistigen Musik bedeuten soll gegenüber dem Choral – dann aber doch auch die Preisgabe der Freiheit der Melodieführung.

Nun stehen auch einige Lieder in einer Tonart mit C-Schluß. Diese Tonart stammt also nicht aus der Gregorianik, sondern vielleicht aus der Gallikanik, d. h. dem Kirchengesang, der nicht aus Rom eingeführt war, sondern im Frankenreich selber sich entwickelt hatte und also heimische Elemente enthielt. Wie dem aber sei – ein neuzeitliches Dur ist auch diese „laszive" Tonart noch nicht, da der Halbtonschritt (H → C) auch bei ihr sehr häufig fehlt (während die Natürlichkeit der Tonalität selbstverständlich vorliegt).

Alle Tonarten aber, mit welchem Schlußtone immer, sind trotz des Verzichtes auf den Halbtonschluß nicht im strengen Sinne des Wortes gregorianisch. Die mittelalterlichen Melodien (einschließlich des nachgregorianischen, mittelalterlichen Chorals) bewegen sich in Tonräumen oder doch wenigstens in Tonfeldern. – Die Entwicklung des Tonbewußtseins ist etwa folgendermaßen darzustellen: Die frühchristliche Melodie, im Grunde (wie oben ausgeführt) nur eine Vortragsform des Textes, hat keinen tonräumlichen Bezug; das ergibt sich z. B. aus den (in Byzanz bis ins späte Mittelalter) beibehaltenen Bezeichnungen von „scharf" oder „lebhaft" für den hohen Ton oder „schwer" für den tiefen. Erst in der eigentlichen Gregorianik wird die Melodie als Linie empfunden. Diese Unräumlichkeit entspricht durchaus der transzendentalen Aufgabe des Gesanges. Mit dem Mittelalter aber beginnt die Einbeziehung der Umwelt in das religiöse und künstlerische Gestalten – zunächst in abstrakter Form. Quinte und Oktave und Unterquarte gesellen sich der Prim zu, sei es als Erbe aus der Antike oder aus dem nördlichen Volkstum, und schaffen so Felder: Unterquart – Prim, Prim – Quint, Quint – Oktave, denen der jeweilige Melodieton zugeordnet ist (siehe die obige Übersichtstafel der Kirchentonarten). In diesem Stadium befindet sich das Tonbewußtsein der Minnesänger, bevor also die Mehrstimmigkeit und die Beteiligung von Instrumenten, vor allem die Harmonik den Tönen einen mehrfachen Bezug gab. Das Ohr von heute kann kaum auf diesen mehrfachen Bezug

– bildlich gesprochen: auf das räumliche Tonhören verzichten; aber man muß wenigstens wissen, daß die Musik ohne diesen Harmoniebezug und nur mit dem Bewußtsein der Prim- Quint-, Quint-Oktav- oder Unterquart-Primlage, also abstrakter, mathematischer wahrgenommen wurde.

Was sich aus einer solchen Tonalität für die Melodiegestaltung ergibt, sei weiter unten erläutert.

Der Rhythmus

Bei weitem wichtiger als die Tonalität ist für den Zweck der vorliegenden Einführung der Rhythmus[51]). Er ist das eigentliche Formelement, er ist der entscheidende Ort, wo sich Musik und Dichtung zur Einheit zusammenfinden. Und gerade über ihn gibt die Notenschrift keine Auskunft. Die verschiedenen Notenformen sind durch die Führung der Feder entstanden, die verschieden ansetzte, wenn höhere oder tiefere Töne notiert wurden; sie besagen so also nichts über Rhythmus, im Choral selber wie auch im Minnesang, der sich der gleichen Zeichen bedient. Erst die mehrstimmige Musik erzwang für die verschiedenen Dauerwerte der Töne verschiedene Zeichen; ohne solche Angaben konnte sie sich nicht entwickeln[52]). In der Antike bestimmten die Silbenlängen den Rhythmus, und die metrischen Zeichen der Grammatiker waren zugleich rhythmische Zeichen der Musik. Der gregorianische Choral dagegen wurde ohne Angabe des Rhythmus notiert. Erst die Kantoren der südfranzösischen (gallikanischen) Diözesen, die manches von der antiken Musikkultur bewahrt hatten, versuchten im 9.–10. Jh., als die Gregorianik von den Karolingern in das Frankenreich importiert wurde, diese mit einigen antiken Zeichen rhythmisch zu erfassen und aufzuzeichnen. Der Versuch

---

[51]) An dieser Stelle sei ausdrücklich auf die während des Druckes dieses Buches erschienene Arbeit von Kippenberg „Der Rhythmus im Minnesang" hingewiesen, die auf anderem Wege zu sachlich fast den gleichen Ergebnissen kommt, nur daß K. oft radikaler urteilt, als der Verfasser es für tunlich hält.

[52]) Vgl. z. B. Thr. Georgiades: Die musikalische Interpretation, in: Studium Generale 7/1954, S. 389.

ist wahrscheinlich nicht restlos geglückt. Auch entartete der gregorianische Rhythmus in der neuen Umgebung, und diese rhythmische Schrift des 9.–10. Jhs. ging verloren. Wie aber ist nun dieser Verzicht des zentralen Mittelalters auf eine Notenschrift mit rhythmischen Angaben zu erklären? Keinesfalls kann man annehmen, daß die Menschen, die als Theologen und Philosophen ihre großen Summen schrieben, als Architekten gotische Gewölbe konstruierten, die für die Mehrstimmigkeit die exakte Notenschrift am Ende des 13. Jhs. erfanden, nicht auch eine klare Schrift für die Töne des einstimmigen Gesanges hätten erfinden können. Vielmehr liegen die Dinge so, daß der Rhythmus der Melodie so selbstverständlich gewesen sein muß, daß eine Notation in unserem Sinne überflüssig war [53]).

Es liegt nun der Gedanke nahe, daß der Choralrhythmus, wie er heute gepflegt wird, auch damals obwaltete, d. h. daß jeder Ton gleiche Länge erhielt. Aber dieser Gedanke ist abwegig. Weder existierte damals bereits dieser moderne Choralrhythmus, noch würde er ein brauchbares Ergebnis erzielt haben; er würde den Vers zerstört haben, wie das Beispiel zeigt [54]):

Nu al - erst lebe ich mir werde, sit min sün - dic ou - ge siht usw.

Die Einfachheit bestand vielmehr darin, daß der Rhythmus des Verses auch der der Musik war; man brauchte also für die Musik keine besondere

---

[53]) Daß man dem Vortrag volle Freiheit belassen wollte, kann nicht als Grund betrachtet werden. Wir müssen klar unterscheiden zwischen rhythmischer Idee und der Verwirklichung im Vortrag. Dieser Unterschied besteht ein wenig auch heute noch; er bestand damals wie bei jeder einstimmigen, solistischen Musik viel stärker. Es ist bekannt, daß orientalische Sänger eine Melodie an verschiedenen Tagen ganz anders vortragen und doch die Identität behaupten. Auf die „Idee", die gewollte Form, die dieser Identität zugrunde liegt, kommt es an dieser Stelle nun an, und um sie bemühen sich die Übertragungen. Die Untersuchungen des Verfassers über die Melodien der Jenaer Liederhandschrift 1925 wollten erweisen, daß diese Idee nicht aus einer einzigen primitiven, papierenen Regel bestand, und es freut den Verfasser, wenn diese Bemühungen anerkannt werden (Kippenberg a. a. O.).

[54]) Nach R. Molitor, a. a. O.

Notation – man konnte keine Notation in unserem Sinne gebrauchen. Sie hätte die Möglichkeiten des „Textrhythmus" eingeengt.

Damit wird freilich die Frage des Rhythmus fast an den Literarhistoriker zurückgegeben. Doch muß die Antwort so formuliert werden, daß sie den Verhältnissen der Musik, die alles – wenigstens im Grundsätzlichen – im Gegensatz zur gesprochenen Sprache möglichst fixiert, gerecht wird. Es ist verständlich, daß dort, wo der einzelnen Silbe ein einzelner Ton und dem einzelnen Takt zwei oder drei Silben entsprechen, diese Fixierung keine Schwierigkeiten bereitet. Das wird anders, wenn Tongruppen (Melismen) auf einer Silbe, oder wenn viele Silben in einem Takte zu singen sind. Dann läßt sich die musikalische Seite der Rhythmusfrage nicht übersehen.

Verschweigt uns nun die Schrift den Rhythmus der Minnelieder, so muß leider festgestellt werden, daß auch aus zeitgenössischen Äußerungen sich nichts über ihn entnehmen läßt. Allerdings berichten die damaligen Theoretiker hinreichend über die „Modi" des Rhythmus der westlichen Lieder, vor allem der französischen Trouvères-Melodien und der lateinischen Dichtungen; aber sowohl ihre räumliche Verbreitung wie ihr zeitliches Auftreten bedarf der Erörterung, und es sind vielleicht auch einige Worte über den Unterschied von Modus und Takt zu sagen – so daß für die deutschen Verhältnisse die Verwendung der Modi nur eine Theorie neben anderen darstellt.

Am meisten verdient zweifellos die Hebigkeitstheorie, wie sie von Fr. Saran und A. Heusler aufgestellt worden ist, Beachtung; sie hat den Vorzug, aus dem deutschen Verse unmittelbar entwickelt worden zu sein. Aber auch die Heuslersche Verslehre scheitert. Die wesentlichen Punkte Heuslers, die hier in diesem Zusammenhang zu erörtern sind, dürften folgende sein: Die Hebungen des Verses konstituieren sich grundsätzlich. (doch nicht in allen Epochen ausschließlich) aus den Satz- und Worthebungen; sie stehen in taktmäßigem Abstand voneinander. Die Zahl der Silben zwischen den Hebungen ist an sich frei, wird aber unter romanischem Einfluß geregelt und beträgt dann 1 oder seltener 2. Meistens gehören je 2 Hebungen zusammen, so daß die Normalzahl der Hebungen 4, 6 oder 8 ist; entsprechend müssen bei 3, 5, 7-hebigen Versen am Versschluß Pausen eingefügt werden oder Silben gedehnt werden, um volle 4, 6 oder 8 Takte zu erreichen. Dagegen ist zu sagen, daß eine solche taktmäßige Ordnung nicht durchführbar ist; sie wird weder der Melismatik des mittelalterlichen Verses, noch der großen Silbenzahl germanischer Verse gerecht. Gebilde wie

sind musikalisch unmöglich. Desgleichen ist der Takt ein neuzeitlicher Begriff, der für das Mittelalter und Vormittelalter unhaltbar ist. Im übrigen stützt sich die Lehre vom gleichen Abstand auf keinerlei gleichzeitige Aussagen. Im Gegenteil: Gemessen wird in der griechisch-römischen Antike, weil die Silben Maße haben, und nach diesen Maßen werden sie zusammengestellt. Die germanischen Silben haben Bedeutungswerte und werden nach diesen zusammengestellt. Hier wieder das Maß des gleichen Abstands einzufügen, setzt voraus, daß die Germanen das gleiche rhythmische „Gefühl" hatten wie Heusler und wir anderen. Das dürfen wir aber nicht voraussetzen; schon das oben angeführte antike Beispiel zeigt, daß die rhythmischen Ordnungen verschieden sein können.

Es ist also zu empfehlen, sich nicht einer Theorie oder zum mindesten nicht einer Theorie anzuvertrauen. Es empfiehlt sich auch, die zu klärenden Fragen genauer zu formulieren. Wir begegneten bereits einigen Teilfragen, die entscheidende Bedeutung haben dürften:

Welcher Art ist der Versfluß?

Welche Rolle spielt die wechselnde Versgröße?

Wie ist die verzierte, melismatische Gestalt des Verses zu verstehen?

Und schließlich, wie ist dieser Rhythmus geschichtlich einzuordnen? Diese Teilstücke des rhythmischen Problems müssen also insgesamt und einheitlich geklärt werden.

Es empfiehlt sich aber, noch weiter auszuholen und vom Wesen des Rhythmus auszugehen. Der musikalische Rhythmus ist Ordnung der Zeit. Ordnung ist aber etwas Geistiges und die Wahrnehmung der Zeit ist nicht bloß ein körperlicher Vorgang. Wenn das so wäre und wenn kein Unterschied bestände zwischen den Germanen der Völkerwanderung und den Deutschen des Mittelalters und der Neuzeit, dann könnte A. Heusler recht haben, wenn er für Germanen und Deutsche eine einheitliche Verslehre aufstellt. Aber der Rhythmus ragt in die geistige Welt hinein. Die Ordnung der Zeit ist beeinflußt von der Stellung der Menschen zur Zeit, und es ist selbstverständlich, daß die Antike oder Augustinus, Scholastik oder Descartes oder Kant oder die Generation von heute die Zeit anders erleben und anders verstehen.

Es empfiehlt sich ferner zu klären, wo das Geistige in der Rhythmik am besten aufzufinden ist und wo das stoffliche, das naturgegebene Element des Rhythmus liegt. Die Stelle, wo sich nun Geistiges und Materielles beim Rhythmus entscheidend begegnen, ist doch wohl der Vers, und er hat also folgerichtig bei der Untersuchung des Rhythmus im Vordergrunde zu stehen, und auf ihn bezogen sich auch dementsprechend die oben gestellten Teilfragen. Die Silben, d. h. die Längen und Kürzen, die betonten oder unbetonten Teile der Wörter oder die Silben schlechthin, wenn sie qualitätslos benutzt werden: diese Silben sind nur Material des Rhythmus, der sie als Baustoff der erwähnten Art erfaßt und benutzt. Auch der Fuß oder das Metrum, der mittelalterliche Modus, das Glied, wie Saran den ersten zusammengesetzten Bestandteil im rhythmischen Geschehen nennt, sind nur gewissermaßen zurechtgehauene Bausteine, über deren Sinn man erst Klarheit bekommt, wenn mehrere zum Vers zusammengefügt werden. Auch sie sind noch zu sehr stofflicher Art. Der Vers aber hat Gestalt. Die Bausteine haben in ihm ihren Platz gefunden. Der Strophe aber, die Gruppe von Versen, bestätigt zwar, daß der einzelne Vers kein Gebilde von zufällig zusammengetretenen Silben ist, im übrigen aber braucht sie auf das „Stoffliche" des Rhythmus nicht zurückzugreifen. Sie bewegt sich am freiesten im Bereiche des Geistes, im Spiele der Formen. Was im Liede über die Strophe hinausgeht, ist dagegen für das Wesen der Rhythmik belanglos, so belanglos, wie die ungeordneten Silben es sind. Der entscheidende Ort der Begegnung von Stoff und Geist beim rhythmischen Geschehen ist also der Vers, wo aus den „Füßen", der ersten Zusammenstellung von qualitätsreichen oder auch qualitätslosen Silben, ein geschlossenes, d. h. sinnhaftes Gebilde wird. Diesen Sinn, der ein ästhetischer ist, gilt es zu erfassen.

Kehren wir nochmals zu Heusler und Saran zurück. Bei ihnen besteht der Rhythmus des Verses darin, daß dieser in eine taktische Ordnung eingefügt wird. Sie unterscheiden zwischen Takt und Glied, indem sie hierbei H. Riemann folgen, der in der Musik Takt und Motiv voneinander trennt: Der Takt ist dann das Schema, das Motiv aber und letzthin auch das Glied die Ausfüllung dieses abstrakten Schemas durch das klingende Geschehen. Das kann für die neuzeitliche Musik, also etwa das bereits benutzte Schubertlied gelten. Sein Schema lautet: |¾ ♩ ♩ ♩ | oder mit Unterteilungen |¾ ♫ ♫ ♫ |. Die komponierte Musik fügt sich in der erwähnten selbständigen, freien Weise ein, d. h. die Silben können – je nach Bedeutung oder musikalischem Auftrag – den Takt in wechselnder Weise ausfüllen, so in dem Schubertschen Beispiel: ¾ | ♪♪♩.♪ | oder | ♪♪♪♪♪♪ | oder | ♩.♪♪♪ | oder | ♩♩ | oder | ♩♩ ♪ | usw. Eine solche Trennung von Schema und komponierter Musik [55] ist aber im Minnesang und der Musik seines Zeitalters nicht angängig. Es gibt keinen Rhythmus, kein Schema, das nicht gleichzeitig komponierte Musik wäre, und darin besteht ja die Einheit von Musik und Dichtung, daß die Silben unmittelbare Teile des Rhythmus sind. Die von Saran und Heusler benutzten Pausen zur Herstellung oder Rettung des Schemas sind daher anzuzweifeln; die musikalischen Notierungen der Minnelieder kennen sie nicht. Es wird hierauf noch zurückzukommen sein, aber es muß bereits folgendes gesagt werden.

Bei der Frage nach der Existenz eines Schemas macht sich die verschiedene Art, wie die Zeit erlebt wird, deutlich bemerkbar. Für den Menschen der Neuzeit ist die Zeit eine Kategorie des Denkens, ein nicht begrenztes unendliches Schema, in das sich die Geschehnisse einfügen. Für den mittelalterlichen und vormittelalterlichen Gläubigen[56] ist sie etwas, das ein Ende nehmen wird, wenn der „jüngste Tag" kommt, und die Geschehnisse sind Stationen auf dem Wege zu diesem Tage der Wandlung, wobei freilich das frühe Christentum dieses Ende in unmittelbarer Nähe sah, das Zeitalter des Minnesangs aber in Perioden dachte[57]. Es

---

[55] Von der komponierten Musik ist die klingende Musik, d. h. der Vortrag, zu unterscheiden.

[56] H. Eibl: Augustin und die Patristik, 1923, S. 326: Die Annahme einer unendlich ausgedehnten Weltzeit widersprach seinem (Augustins) innersten Lebensgefühl. – Vgl. ferner E. Lampey: Das Zeitproblem nach den Bekenntnissen Augustins, 1960, S. 35 ff.

[57] Hierzu siehe weiter unten.

versteht sich von selber, daß diese Art, das zeitliche Geschehen zu erleben, von grundlegender Bedeutung für die Kunst des zeitlichen Geschehens, für die Musik, ist. So tun also entsprechend die einzelnen Silben als Bausteine des musikalisch-literarischen Gebildes „Vers" ihren Schritt zu seinem Ende - nicht im Rahmen eines Schemas, das grenzenlos ist und teilweise ausgefüllt wird, sondern eben als unmittelbare Teilstücke dieses Weges. Und so erweist sich gerade von diesem grundsätzlichen Gesichtspunkte aus die These des Hebigkeitsverses mit gleichlangen Takten als unzulänglicher Ausgangspunkt [58]).

Der silbenzählende Vers

Im Vers gewinnt das Zeiterlebnis Gestalt; der Vers ist der bestimmende Formgedanke; so erwächst die Aufgabe, die historisch gegebenen literarischen Versformen des Mittelalters (und zwar zunächst über den deutschen Vers hinaus) genauer auf ihre Gestalt zu untersuchen.

Es lassen sich drei Hauptarten von Versen unterscheiden, die im Mittelalter gebraucht wurden, und drei Vorstufen des ausgehenden Altertums, die das Material für diese Hauptarten lieferten. Die drei Hauptarten sind der lateinische „metrische" Vers des Mittelalters, der wesentlich deutsche „akzentuierende" Vers und der „silbenzählende" Vers; die drei Vorstufen aber sind die antike Metrik, die Rhythmik der Stabreimdichtung und die Psalmodie. Jede dieser Vorstufen hat ihren eigenen „Vers" - wobei diese drei Versarten so verschieden sind, daß man nicht weiß, ob die Bezeichnung „Vers" allen drei gerecht wird; aber schließlich müssen wir einen gemeinsamen Namen für die Einheiten der Dichtungen benutzen, die wir einander gegenüberstellen und die im Verlauf der Geschichte miteinander in Verbindung getreten sind.

---

[58]) Daß die These vom gleichlangen Choralton einen unhaltbaren Ausgangspunkt hat, braucht an Hand des oben vorgeführten abschreckenden Ergebnisses hier nicht ausgeführt zu werden. Sie setzt die Musik als eine Kunst voraus, die vom Text völlig unabhängig ist und dessen Zeitordnung durch eine eigene ersetzen kann.

Der metrische Vers besteht aus Metren, die aus Längen und Kürzen zusammengesetzt sind. Diese Längen und Kürzen sind mit den Wörtern der Texte gegeben, und es ist Aufgabe der musischen Kunst, sie zu Formen, also zu Metren und Versen zu ordnen. Dabei wird das Zeitgefühl der Antike bedeutungsvoll: es ist nicht transzendental. Dem Augenblick, dem Gegenwärtigen, wird die Fülle des Daseins gewährt. Die Zeiten sind abgrenzbar, überschaubar. Unendlichkeit? Das Ende kehrt zum Anfang zurück. So wird der Vers oder die Strophe gewonnen, indem Gleiches oder Ähnliches wiederkehrt – durch metrische Responsionen, wohl auch durch tonal-melodische Entsprechungen, wie einige Hymnen des Ambrosius zeigen [59]).

Der Versus der Psalmodie – wie sträubt man sich, bei ihr von Vers zu reden – hat keine bestimmte, festgelegte Größe; er hat im Grunde nur zwei Merkmale: einen Akzent am Ende und einen Fluß, einen Rhythmus zu ihm hin. Das Zeitgefühl geht nicht vom ruhenden, vom ausgekosteten gegenwärtigen Augenblick aus; es ist ganz Richtung, Bewegung, so wie auch die Melodie Bewegung ist. Ihre Tonzeichen sind Zeichen für die Bewegungsrichtung der Melodie. Das Zeitgefühl dieser wahrhaft Gläubigen ist transzendental. Dabei ist die Bewegung zum Schwerpunkt hin an sich nicht das, was den Sänger erregt: die Silben werden im wesentlichen gleichmäßig behandelt – sie sind zumeist gleich lang und gleich hoch, also musikalisch ohne Besonderheit. Die Schlußsilben aber, die letzten Bewegungen sind das rhythmisch und melodisch Entscheidende; sie geben dem „Versus" Gestalt, und sie können durch Dehnungen oder den Glanz melodieseliger Melismen ausgezeichnet werden [60]).

Die Zeilen der germanischen Dichtung und Musik aber bestehen aus Gruppierungen von Stößen, die einzelne Silben, nämlich die sinntragenden Silben der Wörter, herausheben aus den unbetonten. Die Merkmale

---

[59]) Die metrische Responsion wird in jeder Verslehre der Antike behandelt; die melodische zeigt sich z. B. in den Formen ABCD–D'C'Ca oder ABCD–C'DEB ambrosianischer Hymnen (vgl. E. Jammers: Rhythmische und tonale Studien zur Musik der Antike und des Mittelalters. II: Auf dem Wege zum Mittelalter. AfMf. 8/1943, 87 ff.).

[60]) Daß nicht die Töne, sondern die Silben gleichlang sind, hat der Herausgeber nachgewiesen in: Der Rhythmus der Psalmodie, in: Kirchenmus. Jb. 31–33/1936–38, S. 25. – Vgl. ferner E. Jammers: Struktur a. a. O.

des Fließens einem Ende zu oder des in sich Zurückkehrens treffen hier nicht zu. Natürlich liegt auch hier eine Bewegung vor; aber da jeder Stoß einen neuen Sinn bringt, der vielleicht dem vorangegangenen ähnlich oder aber gegensätzlich ist, da in der Regel die Sinninhalte zu zweien zusammengefügt werden, so ist dieser Rhythmus abstrakt und antithetisch. Im einzelnen freilich wissen wir nichts über die Rhythmik und Melodik dieser Musik, die nicht erhalten ist. Vielleicht – wenn man dies aus den Sequenzen schließen darf – war auch die Melodik zwar etwas spärlich, aber wiederum antithetisch, indem den Hebungen mit hohen Tönen solche auf vertieften gegenüberstanden [61]). Von einem Zeitmaße, d. h. etwa einem Gleichmaße, ist nichts festzustellen.

Diese drei Vorstufen begegneten sich in dem christianisierten und von Germanen eroberten Westeuropa. Sie konnten natürlich auf die Dauer nicht unvermischt nebeneinander bestehen bleiben; wenn sie sich aber vermischten, mußte eine Art von Versrhythmus die Grundlage bilden, die stets vorhanden war. Da die Kultur des Mittelalters, soweit sie einheitlich war, christlich und von der Kirche geprägt war, ist der psalmodische Rhythmus herrschend geworden, d. h. der Rhythmus wird in der abendländischen Musik und Dichtung als Bewegung zum Schluß hin empfunden. Jene Formulierung H. Riemanns: 1 2 3 4 5 6 7 8, die den Schwerpunkt eines musikalischen Satzes immer ans Ende verlegt, ist nicht die unbedingt gegebene, ist auch nicht eine mittelalterliche, ist aber doch eine sehr folgerichtige Ausprägung dieses Rhythmus; und der Reim, gleichgültig wo entstanden, ist die textliche Ausprägung eines auf den Versschluß gerichteten Gestaltungswillens.

Schon sehr früh erfolgt aber eine Anpassung der „Psalmodie" an die Metrik. Aus dem „Versus" wird ein Vers – d. h. man ahmt den metrischen Vers nach, zwar nicht, indem man die naturgegebene Länge der Silben beachtet: wie wäre das möglich gewesen, da man nicht der natürlichen Ordnung nachgeht, sondern über sie hinweg, gewissermaßen willkürlich, vom Geiste her, den Schluß als sinngebendes Ziel hervorhebt. Aber man übernimmt das ästhetische Element der Form: man setzt Grenzen für die Verslänge, indem man die Silbenzahl einiger metrischer Verse wenig-

---

[61]) E. Jammers: German. Elemente in erh. Musikdenkmalen des 9. und 10. Jhs., in: Dt. Mus.-Kultur 1/1937, S. 257.

stens einigermaßen genau übernimmt. Die psalmodische Hymnodie mit freier Zeilenlänge, zu der das *Te Deum*, das *Gloria*, das *Te decet laus* gehören, wird abgelöst von der **silbenzählenden rhythmischen Dichtung**[62]). Man darf für sie zunächst, als Ausgangspunkt der Entwicklung, Gleichheit der Silbendauer und Einfachheit der Melodik annehmen. Aber wie geht dieses „Silbenzählen" als ästhetisches Element vonstatten? Es kann sich mit einer ungefähren Wahrnehmung der Verslänge begnügen: dann mag die Silbenzahl schwanken, um die Norm herum, aber die Dauer und der Wert der Silben muß gleich bleiben, weil sonst dieses Gefühl nicht entsteht. Es kann auch nur das Bewußtsein vorhanden sein, daß der Autor gezählt hat; so haben manche Werke 100, 9^2, 5^3 oder sonst eine geordnete Zahl von Einheiten (Silben, Takten, Versen, Strophen, Gesängen) und sind dadurch Nachbilder des von Gott nach Maß und Zahl geschaffenen Kosmos. Man weiß es; Gott hört es; aber der menschliche Hörer zählt nicht nach, wie der Gläubige nicht nachprüft, ob sein Gotteshaus rite geweiht und rite, d. h. zahlenmäßig, gebaut ist. Es kann aber drittens auch unmittelbar diese Zahlenordnung von Sänger und Zuhörer gestaltend oder nachgestaltend erlebt werden. Dann muß freilich bei acht oder noch mehr bei zehn Silben die Bewegung sich gliedern, etwa in vier oder fünf Teilstücke, da das Zusammenfassen von vier oder fünf (gleichgeordneten) Teilstücken zu einem Ganzen am besten der menschlichen Merkfähigkeit entspricht. Man muß also die Silben unterscheiden. Damit hat man sich zwar noch mehr dem metrischen Verse genähert mit seiner Unterscheidung von naturgegebenen Längen und Kürzen; aber wenn man jetzt die Silben unterscheidet, so geschieht das wiederum von oben, „von außen her". Man ahmt dabei vielleicht auch metrische Verse, vor allem den ambrosianischen Vers, nach – aber es ist nicht nötig, daß der Historiker für jede Silbenzahl ein metrisches Vorbild sucht. Vielmehr genügte es, daß überhaupt einmal das Prinzip der Silbenunterscheidung entdeckt wurde. Man kann die Verse dabei in Gruppen zu zwei oder zu drei Silben zerlegen: den sieben-

---

[62]) Zum silbenzählenden Vers vgl. W. Meyer: Gesammelte Abhandlungen, Bd. III/1946. – H. Husmann: Silbenzählung, a. a. O. (vgl. dazu aber L. Schrade). Den silbenzählenden Vers leitet D. Norberg: Introduction à l'étude de la versification latine médiévale, 1958, vom metrischen Vers ab; diese These ist abzulehnen.

silbigen Vers also in Gruppen von 3 × 2 + 1 Silbe, den achtsilbigen in
4 × 2, den zehnsilbigen in 5 × 2 oder 3 × 3 + 1 Silben usw. Man kann
dabei als hervorgehobene Silbe die erste oder die letzte Silbe einer Gruppe
auswählen. Man kann schließlich die Hervorhebung auf verschiedene
Weise vornehmen: indem man die betreffenden Silben lang oder kurz
vorträgt (diese Länge oder Kürze ist natürlich nicht grundsätzlich eine
„naturgegebene", eine „metrische", sondern eine quasi-metrische Länge
oder Kürze), und zwar kann man dabei rational verfahren, also etwa die
Silbendauer verdoppeln oder halbieren, aber auch irrational um einen
geringfügigen Betrag dehnen. Man kann ferner hervorheben durch Mittel
der Melodik, durch höhere Töne oder durch Verzierungen, oder durch
Mittel des Nachdrucks, durch den Wechsel von spitzem und stumpfem
oder starkem und leisem Vortrag. Die Stärke, wie sie mit dem Wortakzente, besonders bei germanischen Sprachen gegeben ist, spielt aber
dabei ebensowenig eine notwendige Rolle wie die naturgegebene Länge.

Wohl beachtet der Philologe den Ort des Schlußakzentes. Liegt dieser
auf der vorletzten Silbe, dann fällt der Vers zur letzten Silbe hinab;
liegt er auf der letzten (was im Lateinischen eigentlich nicht vorkommt,
da die einsilbigen Worte meist enklitisch vertont werden) oder der vor-
vorletzten, so spricht man vom steigenden Rhythmus, und zwar in beiden
Fällen, da auch bei Betonung der drittletzten Silbe die letzte Silbe infolge des Wechsels einen Iktus erhält. Diese Beachtung des letzten
Akzentes geht auf die psalmodische Grundlage, nicht auf den metrischen
Vers zurück, der überhaupt nicht den Wortakzent beachtet, noch auf
den germanischen Vers zurück, der ihn unbedingt beachtet wissen will.
Aber diese Rücksichtnahme auf den Wortschluß des Verses kann ent-
fallen: so entsteht dann eine Folge von gleichlangen, aber scheinbar
nicht einheitlich steigenden oder fallenden Versen. Die Musik hat in
diesen Fällen die Verpflichtung, die einheitliche Gestalt durchzusetzen.
Schließlich, was die Gliederung der Verse in Gruppen, also den alternierenden oder zu dritt abzählenden Vortrag betrifft: da die Hervorhebung statt durch die Länge auch durch die Kürze erfolgt, so kann
ein achtsilbiger alternierender Vers ◡–◡–◡–◡–, –◡–◡–◡–◡ oder
aber ◡–◡–◡–◡– oder –◡–◡–◡–◡ ausgeführt werden [63]) (dazu na-

---

[63]) Die Zeichen bedeuten natürlich die musikalische Länge oder Kürze der
Silben, nicht die sprachbedingte.

türlich mit gleichlangen Silben ⏑́ ⏑ ⏑́ ⏑ ⏑́ ⏑ ⏑́ ⏑ oder ⏑ ⏑́ ⏑ ⏑́ ⏑ ⏑́ ⏑ ⏑́). Entsprechendes gilt von den Zehnsilbern usw. Damit offenbaren sich also die „Modi" des Mittelalters als Vollendung des silbenzählenden Verses. Sie sind mit ihm als Möglichkeit gegeben, sobald eine feste Melodie die Silbenzahl und die Gruppierung der Silben zu zwei oder drei bestimmt. Sie sind, wie sich aus anderen Gründen [64]) ergibt, nicht eine Erfindung des 12. oder 13. Jhs.; diese Zeit hat vielmehr nur die Ungleichheit der Silben zur Pflicht gemacht und einen Kanon von sechs genehmigten Modi aufgestellt. Durch diese Ungleichheit erhält freilich der Rhythmus eine konstruktive Festigkeit [65]).

Natürlich übernimmt dieser silbenzählende, alternierende (zwei- oder dreizählende) Vers im Verlauf der Begegnung auch Elemente vom antithetischen, germanischen Vers, so (für den Fall, daß er umfangreicher wird) die Zäsur, die schärfer ist als die der metrischen Verse, oder die „Flexa" der Psalmodie, – so vor allem die Beachtung des Wortakzentes, so daß er in diesem Falle mit dem akzentuierenden scheinbar identisch wird.

Der akzentuierende Vers aber, das ist zunächst der germanische, der deutsche Vers: Die vierhebige deutsche Zeile war frei in der Länge, d. h. vom silbenzählenden Vers aus gesehen in der Zahl der Silben; er alternierte nicht, sondern kannte keine Vorschriften für die unbetonten Silben. Wenn er im Rahmen der abendländischen Kultur, d. h. auf der Basis der zum Schluß strebenden Rhythmik fortleben wollte, sich mit ihr also irgendwie verband, so mußte die Schärfe der Hebungen stark verringert werden, damit die Bewegung zum Schluß hin möglich wurde; es mußte ferner vor allem dieser Schluß hervorgehoben werden. Dies geschah durch den Reim und im Zusammenhang mit ihm durch eine Regelung der Schlüsse, indem vor allem zwei- und dreisilbige Schlüsse dem einsilbigen angeglichen wurden: $\times\; \acute{\times}$, $\times\; \underline{\,}\; \grave{\times}$, $\times\; \acute{\times}\; \times\; \grave{\times}$, – bei dem zweisilbigen vermittels der bei der psalmodischen Musik weit verbreiteten Schlußdehnung. Jenes geschah durch die Gleichordnung von Haupt- und Nebenhebungen, durch den Verzicht auf die antithetische Gegenüber-

---

[64]) E. Jammers: Musik in Byzanz, S. 65.

[65]) Die Leistung ist zu vergleichen mit dem Ersatz der massiven romanischen Kirchenwand durch die gotische Aufgliederung in tragende Teile und leichte Zwischenstücke.

stellung der Wurzelsilben. Dabei konnte manche Freiheit in der Zahl der unbetonten Silben erhalten bleiben, vor allem beim Auftakte, aber nur in dem angedeuteten Maße beim Schlusse, bis dann im höfischen Mittelhochdeutsch eine weitere Angleichung an den romanischen, d. h. den zwei- oder dreizählenden Vers, wenn nicht eine Unterwerfung erfolgte. Sie ist im Epos deutlich zu beobachten, sie ist im Liede entsprechend seinem größeren Wechsel in der Versgestalt schwieriger festzustellen, aber natürlich auch dort vorhanden.

Daß es sich weitgehend um eine Unterwerfung handelt, d. h. daß das Abzählen den Kern des rhythmischen Verlaufes darstellt, das deuten schon die frühen Versuche im daktylischen Verse an, zeigt aber deutlich der Meistergesang. Man wird ihm nicht gerecht, wenn man den Widerspruch zwischen Vershebung und Worthebung als Versagen beurteilt. Es handelt sich vielmehr darum, daß die Silben der Verse zu je zweien abgezählt werden, wobei die entstehende Bewegung am Schlusse gipfelt, so daß hier am Schluß in der Regel Vershebung und Wortakzent zusammenfallen. Natürlich stellen die sonstigen Vershebungen nicht gleichzeitig Akzente dar und konkurrieren nicht als „Akzente" mit den Wortakzenten. Aber man nutzt nicht ihre natürlichen Gegebenheiten für die Bildung der Verse. Diese transzendierende Haltung darf man bei der Beurteilung des Meistergesanges nicht übersehen.

Die Grundlage des Verses ist also das Abzählen; die Verdeutlichung der gehobenen Silben kann – muß aber nicht – durch den Wortakzent erfolgen. Für den eigentlichen Minnesang ist diese Verdeutlichung Regel. Und dennoch: Daß die Unterwerfung nicht restlos gelingt, daß im Gegenteil der Modus oder der silbenzählende und -abzählende Vers Wesentliches seiner Eigenart preisgeben muß, wird die melodische Gestalt wiederholt zeigen (s. w. u.).

Hier sei noch auf das Schicksal der modalen Rhythmik hingewiesen: Sie wird zunehmend komplizierter. Der sich mehrende Wechsel der Modi innerhalb einer Melodie (oder was eine schlimmere Deutung des zu beobachtenden Vorgangs wäre, der Ausfall oder das Hinzufügen von Silben) oder die ähnliche Zusammenstellung verschiedener Modi in der Mehrstimmigkeit: ♩. ♩. = ♩ ♩ ♩ ♩ = ♩. ♩ ♩ nähert den Modus als solchen dem Takte an und gruppiert zum mindesten die schnelleren Modi zu 2-, 4-, 6-hebigen Gruppen.

Außerdem bleibt vieles vom Stoß des Akzentes übrig; denn der Akzentstoß widerspricht insofern dem Silbenzählen, als dieses die Silbe als ganze nimmt. Wenn der Rhythmus durch die Akzentstöße gesichert wird, so brauchen doch die Silben nicht genau gleich lang zu sein; es kann vielmehr nach den Gegebenheiten der Melodie die Silbengrenze frei gezogen werden, also z. B. so, daß die Melodiespitze des Melismas abgetrennt und einer einzelnen Silbe zugewiesen wird oder daß Melodiesprünge auf der Silbengrenze erfolgen [66]).

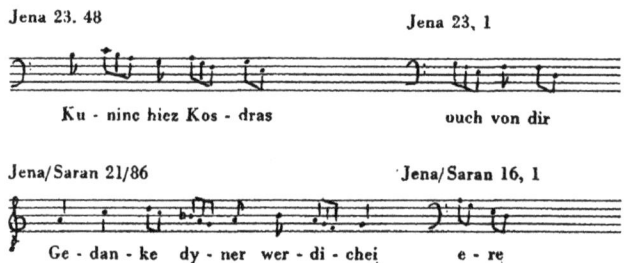

Zusammengefaßt: Der Vers hat musikalisch seinen Schwerpunkt am Ende. Diesem eilt sein Fluß zu. Doch bewegt sich dieser „Rhythmus" in Schritten, und es besteht auch mehr oder minder deutlich eine Antithese zwischen den einzelnen Schritten (oder Gruppen von Schritten). Das alles ist aber musikalisch-literarisch, nicht rein textlich zu verstehen. So wie der Wortakzent selbst beim Abzählen oder Alternieren zurücktreten kann (natürlich außerhalb der Blütezeit des Minnesangs), so wird auch die verschiedene Stärke des Wortakzents durchaus nicht immer und nicht einmal in der Regel für diese etwaige antithetische Gruppierung der Alternationshebungen verwendet. Wenn also der Vers in einer bestimmten Silbe seinen durch solche Gruppierungen gegebenen musikalischen Gipfelpunkt hat, so kann doch der Stärkeakzent der Wortgruppe, der an ihren Sinn gebunden ist, auf eine andere (Hebungs-)Silbe fallen [66a]).

---

[66]) E. Jammers: Untersuchungen zur Melodik und Rhythmik der Melodien der Jenaer Liederhandschrift, in: ZfMw. 7/1925, S. 265, insbesondere S. 274³). – Lies im Notenbeispiel: *werdicheit*.

[66a]) Es darf also beim Vortrag der musikalische Gipfelpunkt nicht zu einem Stärkeakzent wider den Wortakzent werden.

Der Text braucht nicht durch die Musik beim Vortrag vergewaltigt zu werden.

Verlauf und Kadenz des Verses

Der rhythmische Verlauf des musikalischen Verses ist also durch das Abzählen gegeben: (2) 1 2 1 2 ... oder 1 2 3 1 2 3 ... Die ausgeprägten Formen des Abzählens sind die sechs Modi[67]). Bei den vier ersten erhalten die Silben ungleiche Länge, und diese Ungleichheit ist dann das eindeutige Mittel des gliedernden Rhythmus. Es handelt sich um folgende Modi (die „Hebungen" oder „Ikten", deren letzte den Schlußakzent λ erhalten muß, mögen durch → gekennzeichnet werden):

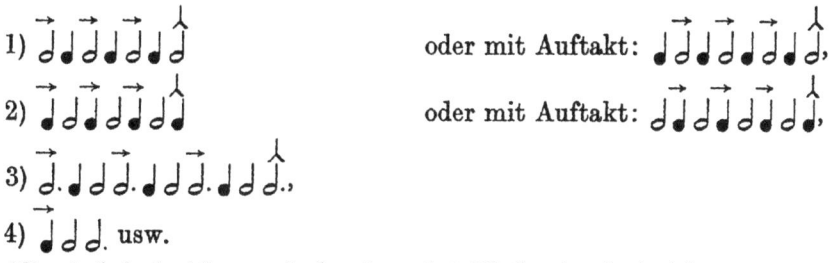

Alle sind dreizeitig; auch der 5. und 6. Modus ist dreizeitig:

das unterscheidende Merkmal der Ungleichheit fehlt aber bei ihnen. Der 5. Modus wird daher heute oft postuliert, um gradtaktigen Rhythmus zu erzielen: ♩. ♩. ist im schnellen Tempo = ♩ ♩. Das Tempo soll aber nicht schnell sein, und man darf daher nicht versuchen, auf diese Weise gradtaktige Rhythmen zu erzielen. Er ist vielmehr von der mehrstimmigen Musik aus zu verstehen und darf daher hier unerörtert bleiben.

Zweifellos hat es aber andere Arten des Abzählens gegeben: ♩♩, ♩♩,

---

[67]) Zur Modalpraxis des weltlichen einstimmigen Liedes vgl. demnächst L. Schrade: Handbuch der mus. Notation.

♩♩♩ usw.⁶⁸), und zwar vor allem in der Zeit vor 1180, wo die Moduspraxis in Nordfrankreich, dem Heimatlande der Gotik, aufgekommen sein dürfte – also bei den älteren Trobadors, aber nach 1180 auch dort, wohin der Einfluß der Trouvères noch nicht gekommen war – und in volkstümlichen französischen und außerfranzösischen Weisen, also wohl auch bei Liedern der niederen Minne. Für den deutschen Vers bedeutet das, daß die 6 Modi dort zu vermuten sind, wo Trouvères-Einfluß möglich ist – grundsätzlich etwa ab 1225 –, ohne daß ein Zwang zu dieser Annahme besteht. Wieweit Tanzmelodien eine ¾ Ordnung – aber damit noch nicht eine Modalordnung – nahelegen, ist besonders zu prüfen. Es ergibt sich aber, daß eine Entscheidung für den modalen Vortrag durchaus nicht immer selbstverständlich ist.

Es wird nun bestritten, daß der 2. Modus bei deutschen Versen möglich ist [69]. Man geht dabei von der Voraussetzung aus, daß die Musik die Aufgabe habe, die Sprachmelodik und Sprachrhythmik zu verdeutlichen und zu fixieren. Darin besteht aber die Einheit von Text und Musik nicht. Die Einheit besteht vielmehr in der gemeinsamen Aufgabe, das zeitliche Geschehen zu ordnen, und das geschieht durch das geordnete Zählen, ohne oder mit Gegenüberstellungen von melodischen Antithesen. Die Sprachmelodik oder Sprachrhythmik spielt dabei keine Rolle; sie ist eine Entdeckung der individualistischen Neuzeit; die andersartige Rolle der sprachlichen Gegebenheiten in der Antike war längst vergessen. Das Choralrezitativ erfolgte auf einem Ton, mit gleicher Länge der Silben; es bestand also in dem Verzicht auf die Besonderheiten der Silben – und wenn die abzählenden Modi gleichfalls die Silben als abstraktes Material behandeln (so wie die Töne des Chorals abstraktes Material für die Rhythmik der Cantus firmi sind), so ist das nur eine folgerichtige Weiterentwicklung einer Grundidee des Choralrhythmus. So fehlen die Voraussetzungen für eine Ablehnung des 2. Modus. Der gerügte Umstand, daß textlich kurze Nebensilben musikalisch lang sind, läßt sich übrigens durch manche Beispiele erhärten, bei denen auf einem kurzen „e" vieltönige Melismen gesungen werden müssen. (Vgl. z. B. die Melodien 41, 89 und 95 neben vielen anderen.)

---

[68]) Dazu L. Schrade: Abschnitt: Die weltliche Musik des Mittelalters.
[69]) Zuletzt noch R. J. Taylor: Zur Übertragung der Melodien der Minnesänger, in: ZfdA. 87/1956, S. 132.

Überhaupt aber, das ergibt sich hier deutlich, der „Belcanto" des Generalbaßzeitalters oder gar der menschliche „warme" Ton des Klassizismus war nicht das Ideal des Vortrages. Wenn man eine Vermutung äußern darf, so dürfte es Leitbild gewesen sein, durch lauten, klaren, in Tonhöhe und -dauer scharf abgemessenen Vortrag den Raum mit den Lauten des Textes zu erfüllen und damit die Gemeinschaft zu erfassen.

Wenn aber eine Wortfolge ein Vers sein soll, so muß Gestalt sichtbar werden; das war vorher betont worden: bewußte, gewollte Gestalt, die sich von der natürlichen Satzgliederung unterscheidet oder doch unterscheiden kann. Dazu genügt aber nicht eine bloße Folge von Füßen, Silbengruppen, Akzentstößen; diese Folge muß vielmehr zu einer Einheit zusammenstreben (und diese Einheit möchte dann noch durch eine zweite oder dritte gleiche oder vergleichbare Einheit der Zufälligkeit entkleidet werden).

Die Ordnung der Worte im antiken Vers, d. h. eine Ordnung der verschieden langen Silben durch Responsionen, ist hier nicht zu untersuchen. Das Ordnungsprinzip beim altgermanischen Vers ist klar: es ist die Antithese – die Gegenüberstellung der zwei Vershälften mittels der Stabung. Während seine Rhythmik anscheinend wenig zur Gestalt beiträgt, ist die Zusammenfassung der Glieder viel rationaler als im antiken (griechischen) Vers. Der silbenzählende modale oder außermodale Vers findet seine Gestalt durch die Zahl – ein geistiges Element – und die Kadenz. Dieser Kadenz dient der Reim, dient der Schlußakzent, dient die melodische Gestaltung dieser Schlußsilben: Das sind einesteils Elemente, die besonders deutlich nach Ergänzungen bei einem zweiten Vers verlangen – ganz ersichtlich beim Reim, die aber anderenteils willkürlich erfolgen; denn das Zählen an sich kann fortgesetzt werden. Der Schluß wird von außen her, durch den Gestaltungswillen gesetzt (wobei man, wie die Entstehungsgeschichte des silbenzählenden Verses zeigt, zunächst Gestalten des metrischen Verses nachahmt). Willkürliche Setzung ist natürlich auch die Wahl des Modus wie überhaupt das Abzählen – ohne Berücksichtigung von Länge und Kürze, je nach Sprache und Zeitalter auch von Betonung und Nichtbetonung – willkürliche Setzung war ferner auch das tonale System – und man wird sich dieser abstrakten Gestaltung bewußt bleiben müssen bei der Erfassung dieser Musik und Lyrik. Man hat also Reim und musikalische, d. h. melodische und rhythmische

Kadenz nicht als Ursache der Versgestalt, sondern als Mittel zu betrachten. Die melodische Kadenz kann nun auf mehrere Weisen erfolgen: die eine Art steht dem Choral nahe, dessen Psalmodie das Vorbild aller Kadenzierungen ist [70]); sie besteht in der Stimmsenkung, dem Stimmfall von einem im Versverlauf fest ehaltenen oder nur umspielten Tonus currens aus in die Tiefe. Sie entspricht dem ursprünglichen Sinne des Wortes „Kadenz". Die der volkstümlichen Überlieferung am nächsten stehende Art ist dagegen die Rückkehr zum Ausgangston. Diese Art ist antithetisch und stellt dem Sich-Entfernen vom Hauptton, der „Tonica", die Rückkehr gegenüber. Beide Melodiegestalten begegnen uns deutlich unterscheidbar in den Vertonungen des Praeconium paschale (Melodie 49). Dank der besseren Überlieferung können wir in der französisch-provonzalischen Musik sehr deutlich die Entwicklung dieser Art verfolgen: Ihr Auftreten im primitiven Lai, in der ersten Albe, in den „chansons à toile". Der Lai reiht diese Verse in großer Zahl aneinander, die Albe *Phebi claro nondum* (Melodie 11) fügt drei gleich neumierte Verse mit An- und Abstiegen zu einer Strophe zusammen, in den Chansons à toile (Melodie 9 und 10) beginnt man, die Verse durch kleine Umgestaltungen der Melodielinie oder durch Lagenveränderungen zu variieren. Diese Gegenüberstellung des Auf und Ab, erweitert oft durch ein gewisses Festhalten der erreichten Höhe, bildet dann den Grundstock der weiteren Versgestaltung – im Bunde mit dem anderen Prinzip – und ergänzt durch ein weiteres Element: Man stellt auch die Schlüsse einander gegenüber, wie das freilich auch schon die Psalmodie unternahm. All das hebt aber die Endbetonung nicht auf, sondern dient ihr.

Rhyhtmisch kann die Kadenz sichtbar werden durch die Dehnung des Schlußgliedes, den Moduswechsel oder das Hinzutreten von Ziertönen, die den Schluß aufglänzen lassen: diese Mittel entstammen dem Choral oder der byzantinischen Musik. Daneben kann das Element der Vierhebigkeit mit seiner Antithetik rhythmisch wirksam werden.

Die Dehnung des Schlusses ist nun freilich in einer Schrift, die den Rhythmus nicht aufzeichnet, nur in wenigen Fällen feststellbar – dort nämlich, wo einige oder gar viele Ziertöne die Melodie ausweiten. Es kann sich dabei sehr oft nur um die Schlußsilbe handeln (vgl. z. B.

---

[70]) Vgl. besonders die Psalmodieformeln des frühen Mittelalters (P. Wagner: Einführung in die gregor. Melodien, Bd. 3/1921, S. 90).

Melodie 31), es kann jedoch auch bereits die Silbe oder Silbengruppe vorher gedehnt werden (vgl. z. B. Melodie 32). Es ist aber höchst wahrscheinlich, daß auch außerhalb dieser nachweisbaren Fälle Schlußdehnungen auftreten.

Auf der anderen Seite ist die gesteigerte Melismatik überhaupt ein Merkmal der Kadenz. Der Choral war hier deutliches Vorbild: Die meisten Vertonungen von Psalmversen beginnen mit Einzeltönen auf den Textsilben und enden mit großen Tongruppen auf den letzten Silben [71]). Ähnlich beginnt der Vers der Minnelieder in der Regel ohne Melisma; er schließt melismatisch. (Vgl. z. B. Melodie 62). Natürlich gibt es Verse, die mit einem Melisma auf der ersten Silbe beginnen; aber das sind fast ausschließlich Schlußverse, d. h. Verse, die das Lied oder den Stollen, allenfalls einen Abschnitt von mehreren Versen abschließen. Ihr Melisma führt also im größeren Zusammenhang aus, was das übliche Melisma der Einzelverse auszuführen hat: es gestaltet den Schluß. Auch die zweite und dritte Silbe ist fast ausnahmslos melismenfrei, und erst mit der vierten Silbe etwa beginnt die melismatische Gestaltung einzusetzen. Diese Regel trifft nicht bloß für die Melodien der Jenaer Handschrift und anderer Minnelieder zu, sondern läßt sich bereits bei den älteren Trobadors beobachten; sie erleidet erst bei den französischen Melodien des 13. Jhs., also durch die Modi, eine Abschwächung. Sie läßt sich statistisch erläutern: Zwei Tabellen [71a]) mögen zeigen, wie das Melisma an bestimmte Orte des Verses gebunden ist, daß aber dieser Ort wiederum von der Länge des Verses, d. h. von seinem Schlusse abhängig ist. Diese Tabellen zeigen aber auch, daß noch andere Faktoren mitwirken. Die erste Tabelle verzeichnet die mehr als zweitönigen Melismen – die zweitönigen Melismen wurden außer Betracht gelassen; sie würden das Bild nicht grundsätzlich ändern, aber doch verschleiern, da sie sich leicht, besonders leicht in einem „Dreiertakt" (♩ ♩ = ♫ ♩), unterbringen lassen; sie stellen also kein rhythmisches Problem dar. Bei der zweiten Tabelle wurde auch auf die dreitönigen Melismen verzichtet, um dafür

---

[71]) Vgl. E. Jammers: Struktur, a. a. O., Ausführungen zu den Introitus „Ego autem" oder „Lex domini", S. 24–27.

[71a]) denen die melismatischen Melodien der Jenaer Liederhandschrift zugrunde liegen, mit Ausnahme der Leiche.

Tabelle I: Zuordnung der Melismen zu den Silben (nach Melismengröße)

Silbe	1	2	3	4	5	6	7	8	9	10	11	12
3tönig	37	5	40	36	111	63	84	49	41	16	11	1
4- und mehrtönig	19	3	3	22	49	23	53	21	10	5	5	—
insgesamt	56	8	43	58	160	86	137	70	51	21	16	1

Tabelle II

Ton-zahl	4	5	6	7	8 u. mehr	insges.
Silbe						
1	13	6				19
2+	1	1			1	3
3	1	1			1	3
4+	16	2	4			22
5	42	7				49 !
6+	18	3	2			23
7	38	12	1			51 !
8+	10	6	4	1		21
9	8	2				10
10+	3			2		5
11	5					5
12+						

die Verse nach ihrer Länge geordnet aufzuführen und so die Rolle des Schlusses sichtbar zu machen.

Die Ziffern sprechen deutlich: Der Auftakt ist einigermaßen von Melismen frei (wenn er aber melismatisch ist, so steht er doch außerhalb des Versflusses); die 1. Hebung und die folgende Silbe sind tatsächlich fast völlig frei; die Silben um die 3. und 4. Hebung am stärksten bedacht, jedoch unter ihnen die 3. Hebung selber verhältnismäßig schwach – schwach bedacht ist dann nochmals die 5. Hebung. Vom Vers aus gesehen:

Tabelle III: Zuordnung der Melismen zu den Silben
(nach der Silbenzahl der Verse)

Silbenzahl der Verse	4	5	6	7	8	9	10	11	12	insg.
Silbe										
1		2	1	9	5			2		19
2+	3									3
3	1			1	1					3
4+	1		2	14	3		2			22
5		4	18	11	8	1	2	4	1	49
6+			1	12	10					23
7				3	31	10	1	6	2	53
8+					9	9		3		21
9						2	2	4	2	10
10+								3		3
11								3	2	5
12+										
Insgesamt	5	6	22	50	67	22	7	25	7	211
Das sind bei einer Verszahl von	16	15	76	147	364	65	30	91	40	844
Prozent	31	40	30	34	19!	34	23	27	17	25

Bei den mit Hebung schließenden Versen sind die vorletzten Silben am stärksten mit Melismen bedacht; doch ist bei dem 5- und 6hebigen Vers das Bild verflacht. Die wenigen Fälle des Kurzverses mit 2 Hebungen bekunden eine Ausnahmestellung dieses Verses. Bei den mit Senkung schließenden Versen – vor allem den Versen mit 3 und 4 Hebungen – sind zwar auch die vorletzten Silben, d. h. die Hebungssilben, stark bedacht, doch machen ihnen die Silben der vorangehenden Senkung oder auch – im 3hebigen Vers – die der vorangehenden Hebung erfolgreich

Konkurrenz. Es sind also zwei Prinzipien wirksam: das eine Prinzip besteht darin, die **vorletzte Silbe durch Melismatik auszuzeichnen**, das andere darin, die **Hebungssilbe**, insbesondere die 3. Hebungssilbe und ähnlich die 5. Hebungssilbe, zu **entlasten**. Diese Entlastung ist wahrscheinlich noch stärker als die statistische Tabelle zeigt; denn der 3hebige Vers mit nachfolgender Senkung vertritt – vielleicht nicht immer, wie eine weitverbreitete Theorie lehrt, aber sicher doch oft – einen 4hebigen, indem die Hebungssilbe als Kontraktion verstanden wird und gewissermaßen 2 Silben umfaßt. Dann könnte man also versucht sein, die Melismen der 3. Hebungssilbe auf diese 2 Silben zu verteilen, und zwar so, daß die eigentliche Hebung wiederum entlastet wird und die (verdeckte) Senkung ausgeschmückt wird: ♩♩♩♩♩♩♩♩ = ♩♩♩♪♩♩♩♩ (vgl. Melodie 3: *entwiche*). Die Tabelle zeigt also, daß der mit Senkung endende 4hebige Vers sich anders verhält, als der stumpfe 4hebige Vers. Ein Versuch, sie gleichzusetzen, wird also von der Musik nicht gebilligt; sie unterscheidet.

Man darf in den beiden Prinzipien der Melismenverteilung Nachwirkungen der beiden Rhythmusfaktoren erblicken: der silbenzählenden, wenn die Schlußbildung von einer bestimmten, meist der 2. Silbe, vor der Endsilbe beginnt, – der antithetischen Hebigkeitsordnung, wenn die 3. Silbe herausgestellt wird.

Ein anderes Mittel der Schlußbildung ist der **Moduswechsel**, sei es, daß man beim Abzählen wechselt, also statt zu zweien plötzlich zu dreien die Silben ordnet oder umgekehrt, sei es, daß man die Reihenfolge der langen und kurzen Silben verkehrt, also die Hebungssilbe kurz gestaltet, wenn sie vorher lang war, oder lang, wenn sie vorher kurz war. Die erste Form läßt sich in deutscher Dichtung gut nachweisen, da hier die Hebung mit dem Wortakzente in Verbindung tritt – die zweite anhand der Melodiegestalt und also dank der unvergleichlich umfangreicheren Überlieferung vor allem in der romanischen Dichtung, aber anhand romanischer Vorbilder in Kontrafakten auch bei deutschen Melodien vorführen.

Der Wechsel von 3silbigem und 2silbigem Modus möge durch ein Beispiel Heinrichs von Morungen erläutert werden: Aus ♩♩♩♩♩♩

♩♩♩ ♩̌, d. h. einem Zehnsilber mit Dreierordnung (jedoch wahrscheinlich noch „vormodaler" Art, d. h. mit gleichen Silben⁷²), wird →♩♩♩ →)→ →♩♩♩ ♩♩♩̌, d. h. die letzten zwei Bewegungen →♩♩♩ →♩♩♩ wurden durch 3 Zweierbewegungen ersetzt: →♩♩ →♩♩ →♩♩. Das wird natürlich als eine „Störung" empfunden, die im Schlußtone ausgeglichen wird und so diesen besonders befähigt, Schluß und Ruheton zu sein:

> *Sist zallen êren ein wîp wol erkánt*
> *Schôner gebêrde, mit zúhten gemèit . . .*
> *Als ist mit gúete umbevángen diu schóne*
> *Des man ir jêt, sist áller wîbe ein króne.*

Den Wechsel des ersten zum zweiten Modus möge ein Kontrafakt Friedrichs von Hausen nach dem Chanson des Gontier de Soignies belegen: Aus ˇ — ˇ — ˇ — ˇ — wird ˇ — ˇ — ˇ — : ˇ — — (Melodie 56). Hier vermehrt die „Störung" der Abzählordnung die Schlußwirkung der letzten langen Silbe, mit der die erste Ordnung wiederkehrt.

Natürlich verteilen sich die einzelnen Arten der Kadenzbildung – also durch Antithese, durch Dehnung mit Melismatik, durch Moduswechsel – verschieden auf die einzelnen Gattungen der Lyrik; das wird am gegebenen Orte klarzustellen sein.

Es bleibt noch übrig, die Kadenzgrenzen, d. h. Beginn und Umfang, zu bestimmen. Es war oben gesagt worden, daß der Kandenziktus das Ziel der Versbewegung sei, daß aber die Bewegung der Melodie doch über dieses Ziel – als Melisma etwa – hinwegführen könne. Dieser Zusatz bedeutet im silbenzählenden Vers keine Schwierigkeit, desgleichen nicht im französischen modalen, d. h. silbenabzählenden Vers, für den die Akzentuierung der letzten betonbaren Silbe (mit Ausnahme vielleicht einiger Kontrafacta aus dem Lateinischen) feststeht. Anders ist es schon beim provenzalischen Vers, wie das Beispiel des Jaufre Rudel zeigt (Melodie 53). Beim deutschen Vers konkurriert mit der Hervorhebung der letzten betonbaren Silbe die Vierhebigkeit mit ihrer Betonung der dritten He-

---

⁷²) Der Wechsel des Abzählens ist bei ungleichlangen Silben viel schwieriger durchzuführen.

bung – konkurriert auch der Text der Verse, bei dem meist der Satzakzent schwankt zwischen der letzten und vorletzten Hebung. Die Kadenz der deutschen Gesänge ist daher als solche meist leicht zu erkennen; ihr eigentlicher Akzent dagegen nicht. Das darf nicht verwundern; auch im Urbilde, dem Choral, ist es ohne Kenntnis der niedergeschriebenen Regel oft schwer, zwischen einer Kadenz mit Vorsilben, die ohne Akzent bleiben, und einer zweigipfligen Kadenz zu unterscheiden. Am besten dürfte es also sein, entsprechend dem Vorbilde, für den deutschen Bereich zweigipflige Kadenzen anzuerkennen – aber auch, die Kadenzgipfel nicht zu stark hervorzuheben.

Das Melisma

Das Melisma wurde bereits mehrfach erwähnt. Wahrscheinlich wird der Germanist es als eine rein musikalische Angelegenheit betrachten, die ihm fremd bleiben darf; aber wir sahen, daß gerade das Melisma einen glatten Rhythmus unmöglich machen kann. Die Bezeichnung der Meistersinger für das Melisma ist „Blume", und es ist eine „Blume". Man dürfte nicht fehlgehen, wenn man parallel zu dem geblümten Textstil etwa des Burkhard von Hohenfels auch einen durch das Melisma geblümten musikalischen Stil erwartet, und wenn man, um beim Beispiele des Hohenfelsers zu bleiben, vermutet, daß seine nicht gerade abwechslungsreichen gleichversigen Strophen aus vollen vierhebigen Versen durch solche Melismen musikalisch belebt waren. Man muß also im Melisma ein wichtiges Element der mittelalterlichen Rhythmik betrachten; seine Verwendung ist für die Stilgeschichte des Minnesangs wesentlich [73]).

Vielleicht ist aber das Bild der Blume noch nicht deutlich genug. Wir, die wir in unserem täglichen Leben allzu sehr auf den Nutzen eingestellt sind, vergessen zu leicht, daß ihre Schönheit ein Überfluß, ein Mehr an Leben ist, mehr als der Nutzen zu erfordern scheint. Das Melisma läßt

---

[73]) Und der Nichtmusikwissenschaftler möge es also begreifen, wenn dem Melisma ein eigenes Kapitel gewidmet wird.

sich auch mit dem Glanz des Goldes vergleichen: Das Gold ist Symbol des Unvergänglichen, des Ewigen; darum bildet es auch den Hintergrund der mittelalterlichen religiösen Bilder, darum werden die Wappen der Minnesänger in der Manessehandschrift mit Gold und – ihm gleichgeachtet – mit Silber ausgestattet. (Den Personen und ihrem Hintergrund steht es natürlich nicht zu.) In der gleichen Weise aber soll das Melisma der Musik und den mit ihr verbundenen dichterischen Formen den Glanz verleihen, der den Dingen des Jenseits, der Minne, des rechten Adels zusteht.

Das Melisma stammt aus dem Choral. In dessen ältester Form gab es neben den einfacher gestalteten Melodien auch solche, deren Texte als ganze in ein melismatisches Gewand gekleidet waren: Jede Silbe wurde – nicht wie in der heute üblichen Psalmodie mit einem einzigen gleichbleibenden Tone, sondern mit einer gleichbleibenden Figur von 3, 4 oder 5 Tönen vorgetragen [74]). Das ist kein „natürlicher" Vortrag, aber ein Vortrag voller Glanz, uns fremd, wie der Glanz von Mosaiken, den wir in unseren Stuben nicht vertragen könnten, der sich aber geziemt für das Mysterium des sich offenbarenden Gottes. In der jüngeren, heute noch üblichen Gregorianik beschränkt sich das Melisma häufig auf einzelne Teile der Gesänge. Es bedeutet dann die Intensivierung, die Hervorhebung einer Silbe oder einer Kadenz, deren Ton (inmitten eines Abschnittes) oder Tongefälle (bei der Kadenz) zu einer Tongruppe ausgeweitet wird. Es handelt sich also bei ihm um Ausweitungen, um melodische Intensivierungen, nicht um eigentliche Melodien. Während seines Vortrages wartet der Text, d. h. die zugehörige Silbe in ihrer Bewegung zum Schluß hin, oder dieser Schluß selber verzögert sich: das Melisma ist also nicht Geschehen, sondern es ist auch jetzt, in der Gregorianik, Glanz. Es wird bedachtsamer angebracht, aber der Vorgang ist der gleiche. Einige Beispiele mögen dieses gregorianische Melisma erläutern: Die „Ausweitung des Tones" wird recht deutlich beim Graduale des 1. Adventssonntages: *Universi*, wo das Melisma vom Tone D ausgeht und wieder zu ihm zurückkehrt, damit dann der Text weiter vorgetragen

---

[74]) Vgl. z. B. das Offertorium: *Repleti*, abgedruckt in MGG sub voce Offertorium. Grundsätzliches dazu: E. Jammers: Musik in Byzanz, S. 166.

werden kann. Die Ausgestaltung einer Kadenz zeigt dann der Vers des gleichen Graduale: *Vias tuas Domine.*

Das Melisma hat im Minnesang dieselbe Bedeutung. Das, was die Forscher, die Menschen von heute an ihm ärgert, was sie durch allerlei Künste unterdrücken möchten, die aber doch nur Papier sind, gerade das ist seine Aufgabe. Man ärgert sich an ihm, daß die bequeme, „vernünftige" Zuordnung von einem, allenfalls zwei Tönen zu einer Silbe für das Melisma preisgegeben wird. Aber wie wir keinen Anstoß an der Wunderwelt der Artusaventiuren und dem Gold der Handschriften nehmen, so müssen wir auch die Preisgabe des starr durchgeführten Modus, des Abzählens oder irgendeiner Vorstufe des Taktes hinnehmen.

Es sei nun gestattet, ein wenig zur Technik des Melismas, zum Ort und zur Art, wo und wie es angebracht wird, zu sagen. Einige musikwissenschaftliche Ausführungen lassen sich dabei nicht vermeiden.

Daß der gesamte Text mit dem Schmuck des Melismas überdeckt wird, ist selten überliefert. Das anonyme Lied: Ich sezte minen fuoz (Melodie 86), ist ein gutes Beispiel. Doch wird es nicht das einzige gewesen sein. Es steht deutlich unter kirchlichem Einfluß – vielleicht aber nicht unmittelbar; sondern es könnte ein romanisches oder lateinisches Vorbild den melismatischen Reichtum vermittelt haben. Eine solche Fülle des Zierates, der die gesamte textliche Struktur verhüllt, erschwert im übrigen die Übertragung aufs äußerste.

Sonst aber wird das Melisma zurückhaltender und mit einer gewissen Berechnung verwendet. Die mittelalterliche Melismatik besitzt nämlich gegenüber der gregorianischen doch auch einige eigene Züge, entsprechend der neuen Melodik des Zeitalters, entsprechend dem ästhetischen Verlangen des Abendlandes, entsprechend der Versform anstelle der gregorianischen Prosa.

Am häufigsten ist die Ausgestaltung der Kadenz; das ist bereits ausgeführt worden. Auch als Initium begegnet das Melisma, und zwar hier zumeist, ohne der Übertragung große Schwierigkeiten zu bereiten; es eröffnet den Vers, zumeist den Schlußvers des Liedes oder eines Abschnittes. In all diesen Fällen bedeutet das Melisma eine Vergrößerung des Zeitmaßes, das einem Verse an sich zustehen würde. Dann aber erklärt es sich von selber, daß Verse mit 5 oder 6 Hebungen, mit 10 bis 13 Silben, Verse also, die an sich schon gegenüber dem normalen vierhebigen Vers lang sind und die doch als Verse, d. h. mit einem Atemzuge vorgetragen werden sollen, einer melismatischen Dehnung ziemlich widerstreben.

Aber das Melisma kann auch durch sein geregeltes Auftreten innerhalb der Strophe diese gliedern und damit eine ästhetische Aufgabe erfüllen. Das möge als Beispiel jene Melodie erläutern, die das Münstersche Fragment mit defektem Anfang bringt[75]). Diese Verse sind, vom Text her gesehen, fast gleich gestaltet. Die Zahlen der Hebungen lauten: 3 2 2 3, 4 2 2 3 ||: 4 4 :|| 4, 4 2 2 4. Musikalisch-melismatisch aber folgen sich die Verse mit wechselndem Gefälle. Das möge nachfolgende Übersicht zeigen, in der ein liegender Strich (-) das Glied oder den Takt ohne Melisma, und zwar auch den Takt der gedehnten weiblichen Endung (gleichfalls ohne Melisma), ein M aber den melismatischen Takt bedeuten soll. Es ergibt sich für die melismatische Struktur das Bild:

1) (-)-M-	2) --M-	3+4) --M-		6) (M)--M-
M-'M-	--'M-	--M-		--'M-
-M-⸱	-M-⸱		5) -M-⸱	-M-⸱;

d. h. die Stellung des Melismas ist anders jeweils im Schlußvers als in den beiden Anversen. Die melodische Struktur lautet:

(-d)	1) fc	2) ca	3+4) ca		6) FD
	ca, ca	aF, aF	GF		aa, aa
	cc	cc		5) cb	GF,

d. h. der Schlußvers entbehrt des großen Gefälles. Beide Ordnungen, die melismatische sowohl wie die melodische, sind also klare Gestalten, die miteinander zusammengehen; das Gefälle der Melodie und der Ort des Melismas ergänzen sich als gestaltende Faktoren: Melisma und Melodiebewegung formen zusammen die Strophenabschnitte und Strophen.

Ein anderes Beispiel – mit größeren Melismen – bringt Hugo v. Montforts Melodie 90. Der Stollen zerfällt melodisch und durch die Reime in 2 sich entsprechende Hälften: Vers 1–3 : 4–6. Melismatisch aber sind die Verse 1, 3 und 5. Beide Ordnungen: 1–3, 4–6 und 1–2, 3–4, 5–6 treffen sich im 6. Vers und gestalten so den Stollen.

---

[75]) R. Molitor, a. a. O.

Wie aber der Illuminator schließlich sein Gold auch sozusagen in natürlicher Funktion verwendet, wo er goldene Gegenstände abzubilden hat, so gibt es auch in der Musik Fälle, wo die Ziertöne sich ganz in den Dienst der textgegebenen Hebungsrhythmik modaler oder taktähnlicher Art stellen. Das sind jene kurzen Tongruppen vor der dritten, allenfalls der fünften Hebung eines Verses. (Es sei an die zwei Prinzipien der Melismenverteilung erinnert.) Sie umfassen zwei Töne oder, indem sie den Ton der anderen Silbe des „Gliedes" verkürzen, drei Töne: ♩ ♫ ♩̂ oder ♪ ♫ ♩̂, allenfalls ♫ ♪ ♩̂. Diese Melismatik kann nun nicht mehr als choralisch bezeichnet werden, obwohl sie z. B. sehr deutlich im Einsiedler Hymnar [76]) vertreten ist. In diesem Hymnar des deutschen Sprachgebietes werden gleichfalls vor der dritten Hebung, oder besser vor der drittletzten Silbe der auftaktigen achtsilbigen Verse, also der Hauptsilbe, kurze Melismen gebracht. Es ist dieselbe Stelle, bei der auch im Trommelrhythmus die Unterteilung beliebt ist: | ♩ ♩ ♩ ♫ | ♩ ♩ ♩. Der Sinn dieses Melismas, die es Rhythmus', ist klar: Der dem Hauptakzent vorangehende Taktteil wird gespalten, um eine drängende Bewegung zu schaffen; der Taktteil des Hauptakzentes aber bleibt ungespalten, um diesem eine gewisse abschließende Ruhe zu verschaffen [77]). Von dieser Stelle aus dringen dann solche Unterteilungen auch zu anderen Versstellen vor, indem der gleiche Rhythmus, oft sogar die gleiche Floskel schon vorher erscheint.

Neben dem Ort sei auch der kompositionstechnischen Art der Melismatik ein kurzer Blick gewährt. Das Melisma entsteht organisch aus der Bewegung, dem Versfluß. Das möge die Kadenz als die wichtigste Stelle des Verses und der häufigste Ort des melodischen Glanzes erweisen. Die einfachste Art ist, daß von der noch nicht zur Ruhe gekommenen Tonbewegung der Schlußton oder der Schlußfall verziert wird: der Schlußton wird umspielt (vgl. Melodie 41), oder eine Bewegung, etwa eine Oktave abwärts, bekräftigt den rhythmischen und tonalen Abschluß des Verses recht deutlich (vgl. Melodie 31). (Vielleicht stammt die letztere Formel aus der Instrumentalmusik; doch soll damit nicht gesagt sein, daß dieses

---

[76]) Hrsg. von Basilius Ebel: Das älteste alemannische Hymnar mit Noten. Kodex 366 (472), Einsiedeln (12. Jh.), 1931.
[77]) Vgl. die Tabelle 3.

Melisma nicht vokal ausgeführt wurde.) Wie aber konnte man auf den Einfall kommen, für eine so strahlende Wendung den Husch einiger Sechzehntel als Vortragsweise vorzuschlagen? Man vgl. etwa die Saranschen Übertragungen.

Oder es wird eine Wendung beibehalten, aber durch einen Einschub erweitert (Melodie 40, Vers 1 : Vers 8). Eine andere Art besteht darin, daß eine melodische Bewegung, die vorher in einem anderen Verse mehrere Hebungen benötigt hatte, nun sich auf einer oder zwei Silben vollzieht.

Man vgl. hierzu die Melodien der Jenaer Handschrift (Saran): XXX b 1 b : 1 c oder III/63 Vers 2 : 5.

Aber das sind nur Fortführungen der Versmelodie. Viel bedeutsamer wird das Melisma, wenn in ihm sich die Melodie ausformt. Hier sei auf eine eigentümliche Technik aufmerksam gemacht, bei der das Melisma die Kernmelodie bringt, nunmehr also als Verzierung, – und so die Melodie verdoppelt: Beispiel sei Walthers Spruch: *Mir hat ein liet*. Die Kadenz des zweiten Verses lautet im Kern: F E D, doch wird jedes der zwei Glieder dieses Verses verdoppelt, so daß die Melodie sich zwar fortbewegt und doch erst auf der Schlußsilbe sich zeigt und vollendet (vgl. Melodie 21 und 21 a). Wie sollte man bei diesem Melisma überhört haben, daß hier ein besonderes *Liet* gebracht wurde? Und die Aufmerksamkeit ist also jetzt so geweckt, daß abschließend die Tatsache: *das vert von Ludewige* in schlichtester Form berichtet werden kann.

Auch außerhalb des Minnesangs läßt sich diese Technik nachweisen, deutlich bei der ältesten (neumatischen) Aufzeichnung des alten „Christ ist erstanden" in den Klosterneuburger Handschriften Cod. 574 vom Beginn des 13. Jhs.[78]) 144 V. und Cod. 1213 (14. Jh.) 83 V. (Melodie 2). Sie ist melismatisch. Natürlich wird diese melismatische Aufzeichnung nicht volkstümlich gewesen sein, und wenn das Lied bereits Volksgesang war,

---

[78]) Die Übertragung der neumatischen Aufzeichnung in der Hs. durch Müller-Blattau: Zur Form und Überlieferung a. a. O., S. 137 wurde übernommen.

muß man in ihr den Versuch erblicken, das Vorbild auf die Ebene des Kunstgesanges zu bringen; der Neumenschreiber wird seine Notation als identisch empfunden haben, nur daß er das Lied eben anders notierte, d. h. so, wie es choralgewohnte Sänger vorzutragen wünschten. Deutlich erweist sich diese Art, einen Melodieteil durch melismatische Wiederholung zu vergrößern, ihn durch diese Vergrößerung als Kadenz herauszustellen, als die gleiche, die bei dem Waltherschen Spruche zu beobachten ist.

Recht äußerlich angefügt ist dagegen die Wiederholung des Verses als Anhang auf der letzten oder den zwei letzten Silben, d. h. fast als Melisma ohne Textunterlage bei dem folgenden Beispiele:

Diese Art ist in westlichen Quellen vollendeter und häufiger zu finden [79]). Sie geht letzthin auf eine gewisse Technik der Tropen zurück und beruht wohl auf einer Instrumentenverwendung beim gallikanischen Choral [80]).

Daneben gibt es dann Tonfiguren, die schon in der Notation sich als instrumentale Partien kennzeichnen; so die vielen Melodieanfänge der Mondsee-Wiener Handschrift. Hier werden die (scheinbaren) Melismen zum ersten Buchstaben des Textes geschrieben, auch wenn dieser ein Konsonant ist, worauf dann ein einzelner Ton dem Vokal der ersten Silbe zugewiesen wird. Man kann überhaupt deutlich spüren, wie im Laufe der Zeit die Tongruppen auf die erste und letzte Silbe abgedrängt werden, d. h. dorthin, wo sie den Verlauf der Textmelodie nicht stören und ein eigenes Leben führen können, als Scheinmelismen – oder auch ausgesprochen als instrumentale Partien. Umgekehrt natürlich dringt hier das Instrument ein. Es bringt nicht seine Töne, um außerhalb des Kunstwerkes dem Sänger die Intonation zu erleichtern, sondern sein Vorspiel erfolgt in diesen Fällen innerhalb des Kunstwerkes und wird als „Melisma" (ohne Text) aufgezeichnet.

---

[79]) Vgl. H. Husmann: Modale Rhythmik a. a. O., S. 10.
[80]) E. Jammers: Musik in Byzanz, S. 287.

Dieses Ende des melismatischen Stiles: der Verzicht auf die Blumen, das mechanische Abschieben an die Ränder des Verses und vor allem dieser Übergang, dieser Ersatz des Melismas durch ein instrumentales Vor-, Zwischen- und Nachspiel vollzieht sich allmählich. Auch hier möge der Vergleich mit dem Ersatz des Goldhintergrundes der liturgischen Bilder durch die realistische Landschaft erläutern. In beiden Erscheinungen handelt es sich um den Weg von der „Transzendentalität" zur Naturgegebenheit. In der Frühzeit sind der abstrakte Hintergrund oder das Melisma notwendig, um die menschlichen Figuren oder Worte aus dem natürlichen Bereich in den liturgischen oder geistigen Bereich zu heben, durch den sie ihre neue Realität erhalten. In der Gotik aber gewinnen Bilder oder Worte schon durch die Bezüge der Figuren oder Töne zueinander eine gewisse Realität, die zunächst noch durch Gold oder Melisma verklärt wird, bis eines Tages – ohne Veränderung der Szene – der natürliche Himmel sichtbar werden kann, das vokale Melisma ohne Veränderung der melodischen Struktur durch die instrumentale Stimme ersetzt werden kann.

Bei der Malerei hatte die Mystik dazu geholfen, daß man auch die Schöpfung das Lob Gottes verkünden ließ. Bei der Musik war die Beteiligung des Instrumentes in der mehrstimmigen Musik schon seit den Anfängen des mittelalterlichen Organums üblich geworden; nunmehr lernte man auch in der einstimmigen Musik, daß das Instrument zusammen mit der vokalen Melodie ein religiöses oder ein Liebeslied singen, daß es an der Sprache des Menschen teilnehmen konnte. Aus dem transzendierenden Glanz des Melismas wurde ein Weltgefühl. Das waren dann aber Liebeslieder und keine Minnelieder mehr.

Die geschichtliche Entwicklung des Melismas macht noch einen Nachtrag zu seiner Rhythmik erforderlich. In der Frühzeit war es in den Liedern meist modal eingeordnet, d. h. seine Töne waren kleiner als der Silbenwert, und mehrere Töne konnten also einer Silbe angehören, ohne die modale Ordnung zu durchbrechen. Selbstverständlich gab es aber Ausnahmen. Bei den Sprüchen dagegen durchbrach die Kadenz, nach choralischem Vorbild, sehr häufig die Regel der rationalen Ordnung, d. h. die Gleichwertigkeit der Silben. Je instrumentaler nun die Melismen verstanden oder ausgeführt wurden, je mehr sie also als selbständige Teile den textlichen Partien gegenübertraten, um so mehr wurden die Töne der Melismen nicht mehr als Unterteilungen, als kurze Werte (etwa als Achtel in der vorliegenden Übertragung) gewertet, sondern den Silben gleichwertig ausgeführt. Diese Übertragung wird bei Wolkenstein durch seine Notation unterstützt, die bei den nichtmensurierten, aber doch mit mensuralen Zeichen notierten Liedern nur höchst selten durch einen Mensurhinweis Unterteilungswerte verlangt. Umgekehrt will es scheinen, daß die vokal bleibende Melismatik der Meistersinger als Figuren mit Unterteilungswerten vorgetragen wurden. Sie sind an den Rand gedrängt, also ohne wesentliche Kadenzfunktion und den Textsilben nicht gleichgeordnet und sind entsprechend mit kürzeren Werten notiert.

Vers und Strophe, Versarten

Wenn heute ein Musikstück notiert wird, so wird es als fortlaufende Musik aufgezeichnet, d. h. der rhythmische Fluß macht an den Versschlüssen nicht halt, sondern strömt weiter. Erst das Ende des Werkes läßt ihn versiegen. Das gilt für alle Kompositionen, wie auch etwa das oben gebrachte Schubertlied. Das gilt nicht ganz für die einstimmigen Kirchenlieder und die Choräle, bei denen der Gemeinde in praxi am Ende der Verse eine Pause gegönnt wird, obwohl die Notierung dergleichen nicht vorsieht; in ihnen lebt Mittelalterliches fort. Die mittelalterlichen Handschriften notieren nun freilich auch fortlaufend, nicht zeilenweise, mit wenigen Ausnahmen, wie etwa die Behaim-Handschrift Heidelberg Cpg 312; aber sie sind nicht für die Praxis notiert worden, und so spielte der Gesichtspunkt der sparsamen Raumausnutzung die erste Rolle. Für das Mittelalter aber, insbesondere die Zeit bis etwa zum Beginn des 13. Jhs., aber doch weitgehend für den Minnesang überhaupt, gilt nun, daß jeder Vers selbständig ist. Das erweist sich deutlich durch die bereits oft erwähnte Melismatik am Ende der Verse, die unter keinen Umständen in einen „Takt" eingezwängt werden muß, sondern nach Bedarf den Raum von mehreren Silben einnehmen darf[81]. Dies muß wiederum von

---

[81] Dieses Auspendeln der Melodie forderte bereits C. Bützler, a. a. O. S. 14.

dem Zeitgefühl der Epoche aus verstanden werden. Die zusammenhängende, sagen wir die kausale Ordnung der Dinge wird im späten Mittelalter und gar in der Neuzeit anders gesehen als im frühen Mittelalter. Damals ging diese Ordnung nur bis zur Grenze der unmittelbaren Wahrnehmung – oder gar: blieb in den Grenzen, die die Tradition mit sich gebracht hatte. Um ein Beispiel aus den Illustrationen der deutschen Minneliederhandschriften zu nehmen: Das Wasser ist bewegt; seine Wellen werden hervorgerufen durch die Bewegung der Wassergeister. Damit bricht die Kausalitätsreihe ab. Es gibt auch keine Perspektive und keinen einheitlichen Blickpunkt. In einer Miniatur, die den Minnesänger beim Schachspiele zeigt, werden die Personen von vorne, das Schachbrett von oben gesehen: es werden also die Gegenstände einzeln wiedergegeben. Und so ist die Zeit des Menschen zwar die bis zum göttlichen Gerichte, aber für jeden Menschen eine besondere –; die Geschichte verläuft annalistisch oder biographisch – nach den einzelnen Jahren oder Herrschern.

Erst mit dem 13. Jh. beginnt man, in Zeitaltern zu denken [82]. So muß auch die Zeit eines Verses damals etwas anderes bedeuten als heute. Es ist eine für sich bestehende Zeit. Der Vers besteht für sich; der nächste besteht für sich. Sie mögen zusammengehören, aber noch nicht als Teil eines „ununterbrochenen Stromes". Das gilt nebenbei bemerkt auch für die mehrstimmige Musik. In den Organa aus der Zeit vor dem 13. Jh. bewegen sich die Stimmen von Klang zu Klang, kosten den neu erreichten gewissermaßen aus und ruhen auf ihm aus, bis sie sich zu einer neuen Bewegung entschließen. Im 13. Jh. aber werden Pausen notiert, nicht als ob es vorher keine Pause gegeben habe nach dem Ende einer Bewegung, aber jetzt wird die Pause, die Ruhe, Bestandteil des fortlaufenden Rhythmus. Diese Zusammenfassung der Verse zu einem Block [83] (etwa dem Stollen; es braucht noch nicht die gesamte Strophe zu sein) ist Geist der Gotik, die Vereinheitlichung will und schafft, im Bau der Kirchen aus einer Proportion heraus, in den Summen der Wissenschaft, in der Entstehung der westlichen Staaten – und in der Modalrhythmik. Sind die Verse aber mehr als Teilstücke eines Ganzen, einer dichterisch-musikalischen Gestalt, besitzen sie rhythmische und tonale Eigengestalt,

---

[82] Über diese Versuche berichtet Dempf: Imperium sacrum, 1929, recht ausführlich.

[83] Vgl. H. Kuhn: Minnesangs Wende, S. 48.

so bedeutet das, daß diese Versgestalt als ein eigenes Erlebnis aufgenommen wurde (bei einem langsameren Tempo als heute üblich), und so geziemt ihr also heute eine entsprechende Aufmerksamkeit. Daher kann der Vers auch seinen eigenen Weg gehen: als Refrainvers auftreten (und sogar als solcher sich verschiedenen Liedern zugesellen) oder Rondelle und rondellartige Strophen bilden [84]. — Wenn die Verse aber aneinandergereiht werden, besonders deutlich im Lai-Typus, der oben bereits erwähnt wurde, so werden sie allmählich dahin streben, sich deutlich voneinander abzusetzen und in ihrer tonalen und rhythmischen Gestalt zu unterscheiden. Sie können sich absetzen, indem etwa eine weibliche Endung vom Typus 4× mit einem Auftakt × ×́ zusammenstößt [85]. (Man hat zwar durch Notationskünste auf geduldigem Papier den Takt retten können; aber Versende und neuer Beginn sind dann in einem unleidlichen Hasten untergegangen [86]. Sie können sich aber auch durch das Melisma, durch Dehnungen absetzen.

Sie können sich ferner unterscheiden durch die wechselnde Größe, und es ist also geradezu widersinnig, künstlich diese Verse wieder auf die Normalgröße des 4 hebigen Verses zu bringen. Diese verschiedene Größe der Verse können wir im übrigen zuerst in der lateinischen Dichtung beobachten; das ist sozusagen selbstverständlich. Einige Beispiele für die wechselnde Größe seien erlaubt: Walther läßt aufeinanderfolgen: 13/33 : 4, 7 : || 4, 2×, 3×, 4; oder 40, 19 : 4×, 5 : || 4, 3, 3, 5; oder 56,14 : 4, 5 : || 3, 3, 6, 4. So hat jeder Vers seine eigene Größe und muß doch als Einheit, mit einem rhythmischen Lauf zum Schlußton verstanden werden [87]. Im nicht-musikalischen Vortrag, zu dem der heutige Leser oder besser Vorleser durch den Verlust der Musik gezwungen ist, müssen die Schlüsse durch die sprachliche Kunst spürbar werden – und je wechselvoller die Versgestalt, um so stärker macht sich der Verlust der Musik bemerkbar.

---

[84] Über die verschiedenen Bautypen der Strophe unterrichtet Gennrich: Grundriß.
[85] Vgl. C. Bützler a. a. O., S. 14
[86] Sarans Übertragungen der Jenaer Liederhandschrift bringt hinreichend Beispiele.
[87] Er ist auch in einem Atemzug vorzutragen, wie aus Meistersingerregeln hervorgeht. B. Nagel (Meistersang, S. 91) folgert daraus ein langsames Tempo der Meistergesänge. Dasselbe dürfte aber für den Minnesang gelten. – Das Zeichen × bedeute eine unbetonte Silbe, / die Hebung, \ die Nebenhebung.

Das ist also die Rolle des Verses vor der Gotik. Diese setzt in Frankreich etwa um 1180 ein – dem Zeitpunkte, mit dem die Modi die Herrschaft antreten. Wann und wieweit diese musikalische Gotik in Deutschland eingedrungen ist, ist dagegen unklar. Die Mehrstimmigkeit der Ars antiqua und nova ist kaum hier vertreten. Zur Verbreitung der Modi sei aber einiges angemerkt. Die Vereinzelung der Verse gilt nach dem ersten Drittel des 13. Jhs. nicht mehr unbedingt. Es wird von vielen Minnesängern eine größere Gleichmäßigkeit des Flusses erstrebt; zwar fehlt die Musik für diese Zeit der Hochblüte, doch läßt sich diese Änderung in der Behandlung der Verse auch am Texte allein erkennen [88]). Nun reihen sich die Verse ohne Pause aneinander. Auftakt und Endung werden in den alternierenden Rhythmus einbezogen. Es folgen sich nicht mehr ♩ ♩ (♪) ♩ ♩ ♩, sondern entweder ♩ ♩ ♩ ♩ ♩ oder ♩ ♩ ♩ ♩. Dabei ergeben sich Unterschiede in der Behandlung der gleichhebigen oder ungleichhebigen Verse: Burkhart von Hohenfels liebt gleichgestaltige Verse; daß dem geblümten Texte musikalische Blumen und damit doch ein Gestaltwechsel entsprechen, wurde oben als gegeben betrachtet. Gottfried v. Nifen ist dagegen ein Formkünstler, der umgekehrt bereits in der Hebungszahl den Wechsel liebt, aber dabei geregelt verfährt – im Gegensatz zu Walther ferner Terzinenstollen bevorzugt und die größeren Verse an den Schluß bringt. Die Terzinen entsprechen dem trinitarischen Bezug der Modi, die Steigerung zum Schlusse hin aber bedeutet einen Schritt zur einheitlichen Auffassung hin. Für beide Künstler (und ihre Schulen) wird man also modale Musik anzunehmen haben. Nicht aber so grundsätzlich für Walther, obwohl die strenge Modalität auch für einige Walthersche Lieder in Frage kommen kann, vor allem für spätere – wie das Palästinalied von 1228.

Der Ungleichheit der Verse entspricht die Vorliebe für die ungerade Verszahl. Die antike Strophe bevorzugte die Vierzahl der Verse. Mit der Vorherrschaft dieser Zahl bricht die christliche Dichtung; das beginnt bereits mit Hilarius (bei der lateinischen Dichtung). Ferner wurde die antike Form in der Regel durch Responsionen gefunden, indem der Schluß zum Anfang zurückkehrte. Dieses Gestaltungsprinzip läßt sich noch bei

---

[88]) H. Kuhn: Minnesangs Wende, S. 48, 55 u. a.

den echten Weisen des Ambrosius nachweisen. Dort aber, wo die Verse aneinandergereiht werden, muß dem Schluß besondere Kraft verliehen werden; das entspricht dem allgemeinen Grundsatz, daß der Rhythmus dieser Zeit einen Schwerpunkt am Ende verlangt. Dieser erlaubt oder fordert die Ungleichheit der Verse, und entsprechend muß der Schlußvers sich von den anderen abheben. Ebenso aber muß die Paarigkeit vermieden oder durch einen ungraden Vers überwunden werden. Dieses Prinzip ist also noch bei Burkhard von Hohenfels lebendig: Die ternäre Ordnung, sei es der Aufbau A A B innerhalb des Stollens, sei es im Liedganzen, ist in diesem Zeitalter der dualen Form überlegen, und zwar nicht bloß als Symbol der Trinität, sondern auch als Ausdruck der christlichen Unruhe. Hierhin gehört dann auch, daß sich in der dualen Ordnung das System der Schlüsse: *ouvert* und *clos*, Halb- und Ganzschluß, herausbildet, und daß im Bereich des Minnesangs die clos-Schlüsse länger oder aber (zumeist) kürzer sind als die ouvert-Schlüsse. Hierhin gehört auch, daß in der vierzeiligen Nibelungenstrophe die Schlußzeile erweitert ist, daß ferner (wie z. B. wieder in der Nibelungenstrophe) der ältere 4 hebige Vers durch den 3 hebigen abgelöst wird, daß aber dort, wo 4- und 3 hebige sich mischen, meist der 3 hebige oder beim Wechsel von klingenden und stumpfen 3 hebigen der stumpfe den Schluß übernimmt (wie wiederum in der Nibelungenstrophe):

× / × / × / ×   / × / × /
× / × / × / ×   / × / × /
× / × / × / ×   / × / × /
× / × / × / ×   / × / × × /

Diese letzte Halbzeile ist dementsprechend als gedehnte 3 hebige Zeile zu verstehen: / × ◇ × /

Die Verse unterscheiden sich aber nicht bloß durch die Ordnung des Zählens, die Blumen, die Länge voneinander, sondern auch durch die Handhabung der Zäsur. Der Vers kann durch die Zäsur aufgeteilt werden, teils als Langvers von 6–8 Hebungen in Halbverse von 3–4 Hebungen, teils als üblicher Vers durch Binnenreime in Teilstücke. Es fragt sich nun, inwiefern sich ein Langvers von 8 Hebungen von einem normalen 8hebigen Vers oder aber von 2 gepaarten 4hebigen Versen unterscheidet. Offenbar nicht in der Zahl der Hebungen, sondern in der Rolle der Zäsur.

Der Binnenreim zerlegt den Vers in Teilstücke: die Antithesen werden durch die Reime deutlicher, die Zielstrebigkeit des Rhythmus wird verstärkt, verschärft, indem mehrmals der Akzent auftritt, und wenn der Reim auf jeder Hebung oder jeder Silbe als Schlagreim auftritt, so entsteht bereits eine Vorstufe des Taktes, vor allem, wenn sich mit der Häufung des Reimes die Verlängerung der Verse verbindet – wenn die Versgrenze durch beide Erscheinungen unklar wird und ein durchlaufender, stark akzentuierter Rhythmus entsteht. Der Binnenreim setzt also kein Ende, keine Pause, er stellt keine Kadenz dar.

Der Langvers wird dagegen durch eine Kadenz geteilt, aber diese Kadenz ist nicht selbständig, sondern blickt auf die Kadenz des Versschlusses. Beide Kadenzen entsprechen einander wie Mediante und Terminante des Psalmverses. Der Langvers dürfte also in seiner rhythmischen Gestalt vom 15-Silber der „ritmi", mit diesem aber vom Choralversus abhängig sein. Die Halbkadenz in der Mitte der 15-Silber bekundet sich oft dadurch, daß der Wortakzent bei ihr nicht beachtet wird: Als Beispiel für die Halbkadenz des Langverses sei die Melodie „Entlaubet steht der Walde gen disen winter kalt" angeführt.

Ent - lau - bet ist der wal - de gen die - sen win - ter kalt

Deutlich wird hier durch Rhythmuswechsel die Pause nach der Halbkadenz – nicht die Dehnung des 3. Gliedes – unmöglich gemacht.

Der achthebige Vers dagegen hat keine Binnenkadenz, sondern die Melodie strömt ohne Unterbrechung dem Ende zu. Wenn freilich die Verse zu einem Block zusammengedrängt werden, wenn der Einzelvers unselbständiger wird, dann ist die Zeit des echten Langverses – unterschieden vom Normalvers – vorbei.

Und noch etwas ist zum Schema von Vers und Strophe zu sagen: Es galt für den endbetonten silbenzählenden Vers die Regel, die Melodie mit der 1. Silbe beginnen zu lassen, auch wenn ein Auftakt hinzutrat oder wegfiel. Der Akzent gestaltete also beim Initium nicht die Melodie. Erst im 15. Jh. beginnt die Melodie mit der Hebung, und der etwaige Auftakt übernimmt den Endton der vorangehenden Zeile. (Vgl. Mel. 17/4; 35/1; 131/9; ferner Jenaer Hs/Saran: 21/61; 25/73. Dagegen aber Mel. 120 u. 121).

Geschichtliche Entwicklung, örtliche Besonderheiten, die Gattungen

Vielleicht hat die bisherige Darstellung, die sich notwendigerweise mit dem Grundsätzlichen der Musik, gewissermaßen mit dem „Normalvers" des Minnesangs beschäftigte, den Eindruck aufkommen lassen, daß diese Musik recht einheitlich sei. Aber es war auch bereits angedeutet, daß eine geschichtliche Entwicklung vorliegt, und diese muß natürlich von der Entstehung bis zur Auflösung dieses Grundsätzlichen verlaufen. Sie wird aber durch örtliche Verschiedenheiten und durch die Unterschiede der Gattungen zu einem sehr reichhaltigen Geschehen belebt, ohne daß man freilich infolge der Dürftigkeit der Quellen Gegebenheiten des Ortes und Gunst der Zeit und Erfordernis der Gattung immer klar trennen könnte.

Die Entwicklung beginnt mindestens bei zwei Quellen der mittelalterlichen Kultur, die einander begegnet sind: der vokale Choral und die nordische, wesentliche instrumentale Musik. (Eine ähnliche Begegnung zwischen mediterranem Halteton-Organum und nördlichem Parallel-Organum ist Ausgangspunkt der abendländischen Mehrstimmigkeit geworden.) Hier handelt es sich um die rhythmische und melodische Kunst des melismatisch-rezitativischen Choralstiles und zweitens um den Stil der melodischen und rhythmischen Entsprechungen, – wobei der chorale Stil durch die Gregorianik deutlich gegeben ist, der andere aber aus der untersuchten Musik oder auch der Kunst der Tropen und Sequenzen mühsam und mit Unsicherheiten erarbeitet werden muß. Das Ergebnis ist die europäische Melodik und letzthin die taktische Ordnung. Man kann dabei verschiedene Epochen feststellen: Ein Zeitalter, wo der Vers sich konstituiert, das Zeitalter Otfrids, fast nur durch wenige Beispiele dokumentiert; ein zweites, das des frühen Minnesangs, wo der Vers noch sehr selbständig ist und wo er in verschiedenen Formen, als Spruchvers, als Liedvers, als epischer Vers sich formt; eine gotische Epoche, wo der Modus die Rhythmik beherrscht, wo die Komposition einheitlich wird, aber leider auch eine Epoche, die (in Deutschland) nur in wenigen Beispielen oder in Randerscheinungen dokumentiert ist; und schließlich die Zeit des 14./15. Jhs., wo sowohl im Spruch wie im Lied das Melisma nicht mehr in seinem alten Sinn verstanden oder doch angewandt wird, wo die an den Feudalismus gebundene dichterische und musikalische Kunst des Minnesangs zerfällt.

Von den Landschaften hebt sich besonders der Südosten deutlich ab. Er hält am längsten am volkstümlichen, strophischen Epos und am Langvers fest; er liebt das Instrument und die mit diesem verbundene Mehrstimmigkeit. Wichtig ist auch der bäuerliche Tanz der bayrischen Landschaft. Der Westen dagegen öffnet sich am meisten den französischen Formen, also vor allem dem Modus.

Am beachtlichsten scheint die Rolle der Gattung zu sein. Diese wird in letzter Zeit stark angezweifelt. Den früher sehr betonten Gegensatz des mehrstrophigen Liedes und des einstrophigen Spruches will man aufgeben. Hierzu kann die Musik nicht Stellung nehmen, da über die Strophe hinaus keine musikalische Gestaltung erfolgte. Umgekehrt aber kann die Musik feststellen, daß die Haltung des Spruchdichters anders ist als die des Lieddichters [89]) und selbstverständlich auch des Leichdichters. Auch werden Tage-, Tanz- und religiöse Lieder sich musikalisch verschieden erweisen: mit dem oben gemachten Vorbehalt der Spärlichkeit der Quellen und selbstverständlich der gegenseitigen Beeinflussung.

Die näheren Ausführungen aber zu diesen Punkten ergeben sich aus den Beispielen, die dementsprechend nach Gattungen und Zeiten geordnet sind.

---

[89]) Und wenn man sich von Simrocks Gattungen abwenden will, so sollte man doch nicht übersehen, daß Simrock von verschiedenem Vortrage spricht; er denkt sich die Sprüche zwar „gesungen", aber mehr „recitativ oder parlando vorgetragen" (Gedichte Walthers von der Vogelweide, übersetzt von K. S. und erläutert von K. S. und W. Wackernagel, 1833, I, S. 175). Darf man dann heute noch eine Entscheidung treffen, ohne die Musik zu Rate zu ziehen?

ERLÄUTERUNGEN

Anordnung und Auswahl der Lieder, Wert der Überlieferung.

Editionstechnik

Eine Gesamtausgabe der Melodien des Minnesangs müßte nach den Quellen erfolgen; das ist auch ohne Erörterung einzusehen, da jede Quelle ein eigenes Gesicht hat. Auch für eine Auswahl empfiehlt sich selbstverständlich eine solche Anordnung, und es ist ein Wagnis, andere Gesichtspunkte zu beachten, ein Wagnis, das zum Scheitern verurteilt ist, wenn man die Quellen ganz außer acht läßt. Trotzdem hält der Herausgeber es für angebracht, die Fragen, die dem Germanisten geläufig sind, also nach den Dichterpersönlichkeiten oder nach den Gattungen, mitzuberücksichtigen. Wenn die sich hierbei ergebende Ordnung sich dann nicht restlos bewährt, so darf doch eine Erkenntnis der Gründe dieses Mangels nicht unwichtig sein. Es wird also eine Einteilung in Gattungen versucht, wie sie im allgemeinen üblich war, die aber heute lebhaft bestritten wird, und es wird sich, wie schon angedeutet, zeigen, daß ihr musikalische Gegebenheiten entsprechen, – wenn auch mehr oder minder verdeckt von den Eigenheiten der Quellen. Als solche Gattungen ergeben sich: die epischen Melodien (über deren Daseinsberechtigung in dieser Gruppierung am gegebenen Orte zu sprechen ist), die Spruchmelodien, die Lieder (wieder gegliedert in das melismatische Lied, das religiöse Lied, das eigentliche Minnelied, das Tagelied), die Tanzlieder, die musikalisch aber eine gesonderte Stellung einnehmen, die sie textlich nicht beanspruchen können, und zuletzt die Leichmelodien. Daß das eigentliche Lied noch nach Zeiten zu gliedern ist, versteht sich dabei von selbst. An Persönlichkeiten müßte wenigstens Walther faßbar werden. Doch treten auch andere Meister hervor: Neithart, Wizlaw, der Mönch von Salzburg, Frauenlob, Hugo v. Montfort, Oswald v. Wolkenstein. Wie weit diese Dichter-Musiker mehr als Vertreter ihrer Zeit sind, das wird zumeist im Dunkel bleiben.

69

Gesichtspunkt der Auswahl muß natürlich zunächst sein, repräsentative Melodien der einzelnen Gruppen zu bieten. Welche Melodie freilich repräsentativ ist, das zu fixieren ist schwierig, und es empfiehlt sich daher, wenigstens mehrere Melodien für eine Gruppe und eine Epoche zu bringen, damit das Gemeinsame oder doch etwas des Gemeinsamen spürbar wird. Natürlich, wenn eine Spruchmelodie bis zu hundertmal von den meistersingerlichen Nachdichtern benutzt wird, so liegt darin ein Hinweis, der nicht übersehen werden darf. Daneben aber gibt es Melodien, die unmittelbar ansprechen. Man mag bezweifeln, ob dieser Umstand seiner subjektiven Natur wegen berücksichtigt werden darf; aber da er geeignet ist, den Zugang zu diesen Weisen zu erleichtern, und da er eine gewisse gruppenmäßige, also in etwa doch objektive Bindung besitzt, mag auch die Eingänglichkeit der Melodien bei der Auswahl beachtet werden. Daß schließlich von Walther alle Melodien gebracht werden, auch die fragmentarischen, auch die anzweifelbaren oder gar fälschlich ihm zugewiesenen, versteht sich von selber. Natürlich, mancher würde auch im Rahmen dieser Gesichtspunkte andere Melodien bevorzugen – das ist das Kennzeichen jeder Auswahl –, aber es kann nur als Gewinn betrachtet werden, wenn möglichst viele angeregt würden, sich den Quellen zu widmen und solche andere ausfindig zu machen.

Man erwartet nun von einer Melodienedition, daß sie die originale Gestalt der Musik herausarbeitet und den Lesern anbietet. Das ist für Textausgaben Selbstverständlichkeit; das ist aber für unsere Musik alles andere als gegeben, das ist vielmehr sozusagen unmöglich. Gewiß, man wird in der Lage sein, Abweichungen zwischen den beiden Stollen der gleichen Strophe zu finden; ob es gelingt, die richtige Fassung herzustellen, ist schon fraglicher. Unklarer auch, wie weit man den etwaigen dritten Stollen angleichen darf. Man kann auch Schlüsselfehler feststellen, also erkennen, daß einzelne Abschnitte zu hoch oder zu tief notiert sind, man kann erspüren, daß der Schreiber Fehler seiner Notation (oder seiner Vorlage) durch nachträgliche Umgestaltung der Melodie verbessern will, – aber das „Normale" der Melodieführung ist weder ein sicherer Helfer bei der Edition noch ist es wirklich bekannt [90]).

---

[90]) Zum mindesten für die deutschen Melodien wagt der Herausgeber nicht, etwa an Hand von U. Aarburg: Edition mittelalterlicher Liedmelodien (in: Musikforschung 10/1956, S. 209) zu „richtigen" Fassungen vorzudringen. Viel-

Einige Melodien sind in mehreren Fassungen überliefert. Aber das fördert bei der Edition kaum. Ein einziger Blick zeigt, wie weit diese Fassungen auseinandergehen. Wenn die Quellen einigermaßen der gleichen Stilrichtung angehörten, würde man bisweilen die richtige oder doch die richtigere Fassung herausarbeiten können. In der Regel aber, so wie die Quellenüberlieferung nun einmal liegt, kann man nur feststellen, daß die eine Fassung dem einen Stile, die andere dem anderen Zeitstile angehört, daß darüber hinaus dann gewisse Teile der Melodien übereinstimmen und gewisse Züge der Bewegung gemeinsam sind. Damit wird etwas über die originale Gestalt gesagt; diese ist damit aber noch keineswegs gewonnen. Man muß sich daran erinnern, was bereits wiederholt gesagt wurde, daß diese Lieder zunächst auswendig vorgetragen wurden. Die schriftliche Fixierung aber setzte bei der Musik wesentlich später ein als beim Text. Damit soll aber nicht bloß gesagt werden, daß die Gefahr des Zersingens größer ist, sondern auch, daß das Verhältnis der klingenden Musik zur Fixierung an sich anders ist. Es ist also bereits mit der Möglichkeit zu rechnen, daß der Komponist und Sänger Töne änderte, ohne es zu beachten [91]). Solche Änderungen kann sich der Verfasser der Texte viel weniger erlauben – um so weniger, je dichter und geschlossener sein Gedankengang ist. „Dicht und geschlossen" ist aber der melodische Gedankengang insofern nicht, als nur die konstruktive Gestalt der Melodie feststeht. D. h.: Gegeben ist im allgemeinen wohl nur der Zielton der Versmelodie, ebenso wie die Länge des Verses, d. h. genauer die Zahl der Silbengruppen in ihm; dieses „Skelett" des musikalischen Körpers steht dem Komponisten oder Dichter also klar vor Augen. Wie er es aber mit dem „Fleische" der lebendigen Melodie hält, wie er die durch Silbenzahl und Zielton vorbestimmte Linie „verziert", darin hat er Freiheit besessen – man darf annehmen: dieselbe Freiheit, die der Sänger der barocken Monodie oder dessen zeitgenössischer In-

---

leicht wird man später nach vielen Einzeluntersuchungen diesem Ziel näher kommen? Zudem sind bisweilen über das, was 'Normal' oder 'Regel' ist, die heutigen Anschauungen verschieden von den damaligen, so bei der Anpassung des Schemas an den wechselnden Versbeginn (mit oder ohne Auftakt): vgl. S. 65.

[91]) Beim Choral, der zunächst mündlich überliefert wurde, gab es die Kontrolle der Gemeinde oder des Bischofs; hier fehlt jede Verpflichtung, die erste Fassung der Melodie zu bewahren.

strumentalsolist genossen hat. Diese Freiheit ist jeder echten solistischen Musik eigentümlich – man meint dieselbe Musik, aber den Ohren etwa des Abendländers, der durch die Mehrstimmigkeit gezwungen ist, die Töne des Zusammenklanges wegen einzeln zu hören, klingt sie verschieden. So bedeuten also die verschiedenen Fassungen der Lerchenweise des Bernart von Ventadorn [92]) die gleiche Melodie: Initium, Tenor und Kadenz sind identisch, nur daß die Kadenz mehr oder weniger Silben beansprucht (Melodie 2). Diese Freiheit also darf und muß man auch für den Minnesänger annehmen, natürlich je nach der Art seiner Musik in wechselndem Grade (s. w. u.). Damit soll nun nicht gesagt sein, daß die überlieferten Melodien nur die Skelette darstellten (so wie die erwähnten Barocknotationen es mehr oder minder tun). Der aufzeichnende Musiker nämlich war durch die Gregorianik, die seit langem fixiert war, oder auch die Mehrstimmigkeit gewohnt, die erklingende Musik, nicht die durchklingende Struktur zu notieren. Und so wird der „Ton" eines frühen Meisters, etwa Walthers, zwar seine konstruktive Gestalt durch lange Zeiten behalten können, aber später doch ganz anders erklingen als im Munde seines Schöpfers.

Die hauptsächlichen Bereicherungen, die eine Melodie umgestalten können, ohne sie zu verfälschen, dürften folgende sein:

1. Der Schluß, bisweilen auch der Beginn, wird melismatisch gestaltet – und dabei meistens gedehnt. Ein Beispiel ist die oben bereits besprochene Aufzeichnung des „Christ ist erstanden" in der Klosterneuburgerhandschrift (Melodie 1). Hierhin gehören auch die Umgestaltungen des 1., 2., 3. und 5. Verses der Huntweise Frauenlobs im Ton des Meister Kelyn (Notenbeispiel 3).

2. Auch die Bewegung zum Schlußton kann ausgestaltet werden; statt der geraden Linie, wie sie etwa mehrfach die Kolmarer Fassung von Meister Poppes Hofton bietet, kann die Melodie diese Linie umspielen. Vgl. besonders deutlich Vers 5 und 6 oder 15 (Notenbeispiel 4). Möglich ist dabei, daß beide Fassungen nach verschiedener Seite (3. oder 4. Zeile) oder in verschiedenem Ausmaße oder an verschiedenem Ort (16 und 17) ausgeweitet werden. Natürlich bleiben auch bei solchem Zugeständnis an die Freiheit des Vortrages Abweichungen, die wir Heutigen unbedingt

---

[92]) Vgl. Gennrich: Grundsätzliches zu den Troubadour- und Trouvèresweisen, in: Z. f. rom. Phil. 57/1937, S. 45.

als Wesensänderungen bezeichnen möchten; eine feste Grenze zwischen Wesensänderung und Vortragsfreiheit läßt sich aber schwer bestimmen.

Hinsichtlich der Edition sei noch folgendes vermerkt: Die Texte werden, soweit wissenschaftliche Editionen vorliegen, in der Regel in deren Fassung gebracht, falls dies ohne Eingriff in die musikalische Substanz möglich ist. Für die Jenaer, Kolmarer, Spörlsche und Puschmansche Handschrift werden in der Regel die Editionen von Saran, Runge, Mayer und Münzer benutzt, mit ihren Korrekturvorschlägen, wobei aber gelegentlich Textstellen ungeklärt bleiben, die auch von diesen Herausgebern nicht geklärt werden konnten.

Bei den Melodien werden Abweichungen von der Vorlage vermerkt. Pliken werden gelegentlich durch + angedeutet; meist bleiben sie aber unberücksichtigt, besonders wenn eine Parallelstelle die unplizierte Melodie bringt. Bei andeutender Mensuralnotation, aber auch sonst, so z. B. gegenüber anderen Übertragungen, wird darauf verzichtet, den gewählten Rhythmus im einzelnen zu begründen. Das würde den Rahmen der Arbeit sprengen. Hier muß auf die vorangehende allgemeine Einführung verwiesen werden. Es wird aber versucht, den einzelnen Faktoren, die ihn bestimmen, auf einem Mittelwege [93]) gerecht zu werden. Es wurde dies in immer erneuten Erwägungen versucht; der Niederschrift liegen aber auch immer neue Bemühungen um die künstlerisches Gestalt der Melodien zugrunde, die mehr ist als die Korrektheit bei der Anwendung von Regeln. Dies ist wiederum ein subjektives Element, zu dem sich aber jeder Herausgeber bekennen muß, wenn er sich ehrlich bemüht.

Dabei hat der Verfasser, bei allen Durchbrechungen des Hebigkeitsrhythmus durch die Melismatik, bei allen Freiheiten und Wechseln in der Anwendung der Modi nicht darauf verzichtet, sozusagen im Unterbewußtsein der Melodien, eine gewisse rationale Ordnung zu bewahren. Dieser Rationalismus, der durchaus der Entfaltung der Rhythmik der Mehrstimmigkeit im Zeitalter der Ars antiqua und Ars nova entspricht, ist aber zu ergänzen durch die Freiheiten des Vortrages [94]). Diese aber

---

[93]) Dieser Versuch entspricht der Forderung, die der Verfasser bereits 1925 aufstellte (Untersuchungen zur Melodik und Rhythmik, a. a. O. S. 298), wenn auch im einzelnen manche Erkenntnis hinzugekommen ist.

[94]) Siehe auch oben (S. 30, Anm. 53)

sind zahllosen Umständen des Lebens unterworfen gewesen und sind es auch heute noch. Sie werden daher nicht vermerkt.

Die Initiumsregel (vgl. S. 65) mußte vernachlässigt werden: Stehen mehrere Verse unter einer Melodiezeile, so mußte notgedrungen die Neigung der Germanisten, das Versschema streng durchzuführen, übernommen werden. Entsprechend wurde bei Mel. 17/4 verfahren.

Die ordnenden Zeichen (→ und ⋏) werden – entgegen der ursprünglichen Absicht des Herausgebers – recht sparsam verwendet, damit sie nicht als Ersatz der Taktstriche mißverstanden werden. Die Freiheit des Vortrages muß gewahrt bleiben.

Zu den einzelnen Melodien

2. (1) Aus dem Vergleich mit der Parallelstelle *Christ soll* ergibt sich der gewählte Rhythmus.

3. Runge 29; Saran 4, 14.
   (1) Note ergänzt. Der Schreiber hat sich an dieser Stelle verbessert, jedoch nicht ausreichend.
   (2) Durchbrechung des Rhythmus: gedehnte Kadenz.
   (3) Beim zweiten Male: ef e.
   (4) Beim zweiten Male (Zeile 10/20) bringt die Handschrift d. Dasselbe gilt für die Jenaer Handschrift.
   (5) Diese Zeile ist in K gekürzt und farblos geworden gegenüber dem dreimaligen ha von J.

4. Runge 83; Saran 29, 1.
   (1) Durchbrechung des Versrhythmus; die Hauptkadenz beginnt auf dieser Silbe. Den leichten Abwandlungen der Kadenz dürften gleiche Grundidee und gleicher Rhythmus zugrunde liegen.
   (2) Handschrift: f.
   (3) Handschrift: e?
   Bau der Weise: in K: a b c : || d e : || f g : || i k l m,
                   in J: a b c : || d d' d e : a' b' f g : i k l m.
   Auch im Bau der Melodie vereinfacht also K gegenüber J, indem K statt der Variationen einfache Wiederholungen bringt.

Die epischen Melodien

Die Begriffe „Lyrik" und „Epos", wie sie bei einer entwickelteren Literatur wie der mittelhochdeutschen anzuwenden sind, lassen sich in der Vorzeit nicht in gleicher Weise trennen. Wir sehen den engen Zusammenhang deutlich an der Identität der Nibelungenstrophe und der „Kürenberger Wîse" oder verwandter Weisen des Minnesangs. Zweifellos bestand im Anfang eine gemeinsame, schlichte Form, aus der sich, zum Teil unter fremdem Einfluß, das „Lied" des Minnesangs wie das Epos entwickelten. Schon dieser Zusammenhang fordert einen Blick auf die Musik des Epos, da diese „Kürenberger-Melodie" oder die Melodien dieser Ursprungsform nicht erhalten sind. Das Epos hat sich nun aus den Liedern entwickelt unter dem Einfluß antiker Vorbilder (Walthari-Lied), noch mehr aber der kirchlichen Dichtung (Otfrid, Heliand usw.). Der westliche Einfluß macht diese Entwicklung in Deutschland kompliziert, bringt aber keine neuen Elemente hinzu, da für das westliche Epos die Lage an sich nicht viel anders ist. Wir werden also auch musikalisch mehrere Quellen der epischen Melodien zu unterscheiden haben.

Daß das Epos gesungen, d. h. zum mindesten mit der Singstimme vorgetragen wurde, braucht hier nicht noch einmal ausgeführt zu werden[95]). Der musikalischen Arten aber gibt es zwei, die sich ziemlich genau aufteilen lassen: die strophische für die Epen mit heimischem Stoffe[96]) und das Reimpaar für kirchliche und westliche und höfische Stoffe. Für die zweite Gruppe wird man das kirchliche Rezitativ als musikalische Vortragsform annehmen müssen. Das Rezitativ der römischen Gregorianik bestand im Vortrag auf einem einzigen Tone, mit Senkungen der Stimme am Schlusse der Sätze und in ausgearbeiteterer Form am Schlusse der Abschnitte. Von ihm existierte eine Abart, das Mainzer Rezitativ, im Bereich der großen Mainzer Kirchenprovinz: bei ihm erfolgte der Vortrag der akzentuierten Silbe auf einem zweiten, höheren Ton[97]). Man darf in ihm einen Einfluß der deutschen Sprache auf das Latein der deutschen Kleriker und also auch deren musikalischen Vortrag annehmen.

---

[95]) E. Jammers: Epos, a. a. O. S. 31 und 68 (mit weiteren Literaturangaben.)
[96]) Ebenda S. 71 (desgl.).
[97]) Ebenda S. 49 (desgl.).

Soweit die Handschrift ein Urteil erlaubt, gehört die Melodie, die im Heidelberger Otfridcodex sich erhalten hat, hierher. Nach ihr ist also dieses Epos oder sind einzelne seiner Kapitel vorgetragen worden (Notenbeispiel 5). Wenn bei dieser Übertragung für die Nebenhebungen ein 3. Ton benutzt wurde, so spricht dafür die unterschiedliche Behandlung dieser Nebenhebungen durch den Neumator und den Textschreiber: der Neumator verlangt für alle Hebungen höhere Töne; der Textschreiber versieht nur die Haupthebungen mit Zeichen für den höheren Ton [98]). Natürlich ist auch möglich, daß nur zwei Töne verwendet wurden – abgesehen von der Eröffnung, den Melismen und den Kadenzen. Der Neumator hat dabei Distichen aus Hexametern und Pentameter vortragen wollen, wie sich deutlich aus der Verteilung der Melismen ergibt: ohne wahrscheinlich die zugrunde liegende Vierhebigkeit beseitigen zu können. – Daß die gebrachte Übertragung nur einen Versuch darstellt, braucht wohl nicht ausgeführt zu werden.

Der Wiener Otfrid verlangt einen einfacheren Vortrag, ohne Melismatik – aber auch mit gewisser Bemühung um Distichen [99]), die wiederum der Vierhebigkeit widersprechen. Doch bekunden diese „Distichen" den Willen zur strophischen Form. Man wird einen ähnlichen Vortrag für die Reimpaar-Epen annehmen dürfen, die in der Regel fremden Stoff behandeln, d. h. aber einen Vortrag in der römischen Rezitationsweise, nur auf einem einzigen Tone, abgesehen von der Kadenz (Notenbeispiel 6). Auch diese „Melodie" kann natürlich nicht den Anspruch erheben, genau dem Usus der Epiker zu entsprechen. So einfache Melodien wurden nicht notiert, und es fehlt also die Kontrolle für die gemachte Annahme.

Der antike Einfluß ist weniger in einer besonderen Melodie zu suchen. Die antiken Epen dürften gleichfalls rezitiert worden sein – nur einige pathetische Stellen der Aeneis sind mit verzierter Melodie überliefert. Er besteht eher in dem Verlangen nach Messung, nach Metren oder Maßen, von denen Otfrid in seiner Vorrede spricht [100]). (Dieser Punkt ist

---

[98]) Ebenda S. 45.
[99]) Ebenda S. 78.
[100]) Diese doppelte musikalische Bemühung (Otfrids oder eines Lektors) um eine antikisierende Form der Verse machen es mir – entgegen v. Polenz: Otfrids Wortspiel mit Versbegriffen, in: Festschrift für Ludwig Wolff, 1962, S. 121, und F. Neumann: Otfrids Auffassung vom Versbau, in: PBB 79, Halle 1957,

wohl hinreichend bei den Arten des mittelalterlichen Verses erörtert worden.)

Die andere Art, die wahrscheinlich bodenständig war, besteht aus einer Reihung von einfachen Melodien oder Strophen. Die einfachste Art ist die Doppelzeile mit einer Aufwärts- und einer antwortenden Abwärtsbewegung. Diese primitive Form der epischen „Strophe" hat sich im deutschen Sprachbereich in der ursprünglichen Form nicht erhalten. Als Ersatz können aber Ruf-Melodien dienen, wie die des Beispiels 7. Diese Grundform begegnet uns aber im französischen „Lai", etwa des 8. Beispiels. Sie wird mehrfach wiederholt, und durch eine besondere Wendung wird eine Art Abschnitt-Schluß hergestellt. In Frankreich läßt sich auch verfolgen, wie sich aus dieser Lai-Melodie mit ihrer antithetischen Gestalt durch Wiederholung und Variation Strophen entwickeln. (Vgl. die Chansons à toile der Beispiele 9 und 10.) Laihafte Wiederholung und Anklang an die melodische Form besitzt auch das älteste überlieferte französische Tagelied, die Albe *Phebi claro* (Notenbeispiel 11). Die Strophenbildung ist in Deutschland ausgeprägter. Sie begegnet uns bereits in dem 5zeiligen Galluslied. Die Nibelungenstrophe ist nicht überliefert. Ihr steht nahe die Melodie der Marienklage (Notenbeispiel 12). Doch umfaßt diese nur zwei Zeilen, deren unveränderte Verdopplung noch keine geschlossene 4zeilige Strophe schafft. Ihre Formeln entsprechen dem Hypolydischen der Gregorianik, das nur wenig Antithetik erlaubt, und klingen sehr an die zweite Lektion der Lamentationes Jeremiae in der Tegernseer Handschrift Clm 19558, München[101], an.

Vierzeilig ist dagegen die Strophe des jüngeren Hildebrandsliedes (Beispiel 13) oder die Hönnweise der Meistersinger (Beispiel 14). Die Hildebrandstrophe scheint durch variierte Wiederholung aus einer 2zeiligen erwachsen zu sein. Man vgl. mit ihr auch die Pilgerweise (Melodie 7). Die Hönnweise – nicht bloß nach meistersingerlicher Art primitiv – er-

---

Sonderband) – unwahrscheinlich, daß Otfrid in seinen theoretischen Äußerungen nicht auch an Metrisches gedacht haben sollte.

[101] P. Wagner: Einführung in die gregorianischen Melodien III/1921, S. 241. Einfluß des allgegenwärtigen Chorals muß auch bei den Rufen angenommen werden. Sie bewegen sich im Rahmen der Tonalität des mittelalterlichen Chorals (in Ergänzung zu den Ausführungen von J. Müller-Blattau: Die dt. Geißlerlieder, in: ZfMw. 17/1935).

innert durch Melodieführung der Zeile und stete Wiederholung sehr an den Lai. Beide Weisen entbehren allerdings der Dehnung der letzten Zeile auf vier Hebungen. Diese aus der Melismatik (etwa der Marienklage) zu erklären, wie es K. H. Bertau und R. Stephan versuchen [102]), ist abwegig; denn nicht das dritte Glied des Schlußverses ist erweitert, sondern das zweite; aus / × / × \ wird nicht / × / × / × \, sondern / × / \ × \ [103]).

Es sei bei dieser Gelegenheit nochmals der Bau der Verse der Nibelungenstrophe erörtert. Er lautet nicht: × | / × / × | /̣ \ ' × | / × / × | / ⁀⁀ und × | / × / × | /̣ \ ' × | / × /̣ | \ × / |, sondern: × / × / × /̣ \ ' × / × / × \ und × / × / × /̣ \ ' × / × /̣ × ×\. D. h. die Schlußkadenz setzt bei der 2. Hebung der Abverse ein. Da die Melodie nicht erhalten ist, läßt sich das aus ihr nicht beweisen, doch wird diese These bestätigt durch Kürenbergische Verse wie (7, 19) *vil liebe wünne*, (8, 1), *an einer zinnen* usw. – ebenso wie durch die Melodie des Hildebrandsliedes, die ihren Höhepunkt bei den Abversen in der 2. Hebung hat. – Wenn man will, und der Verfasser möchte es, so kann man annehmen, daß im **Unterbewußtsein** die Vierhebigkeit fortwirkte und nahe legte, den Schlußvers zu erweitern, natürlich von der 2. Hebung ab. Der Schluß erzielt dann eine beruhigende Wirkung ähnlich der, die oben beim Moduswechsel beschrieben war:

$$\frac{× \ / \ × \ /̣ \ × \ × \ \backslash}{× \ | \ / \ × \ /̣ \ | \ / \ × \ \backslash}$$

Als verwandte Beispiele seien noch angeführt die Balladen „Der Kerensteiner" (vielleicht mit erweiterter Schlußzeile) und „Der Abendgang" (Beispiele 15 und 16), beide mit Wiederholungen, die z. T. an den Lai erinnern, z. T. an die Kanzonenform. Abhängig von der Hildebrandstrophe ist dann noch die Titurelweise (Melodie 17), die die Verse ausweitet und im Bau deutlich von der Kanzone abhängig ist. Sie ist als altertümliche Strophe zu verstehen; mit ihrer Hilfe wollte der Dichter wohl seinen Stoff als heimisch vorführen.

---

[102]) Zum sanglichen Vortrag, a. a. O. S. 262.
[103]) Tropierungen sind grundverschiedener Art. Das Beispiel des „Abendgang" aber ist nicht heranzuziehen; siehe weiter unten.

Die Weiterentwicklung der Ballade ist hier nicht zu verfolgen. Die rezitativische Form hat, strophisch gebunden, noch im Bibellied der Meistersinger (s. diese) fortgelebt – natürlich nicht im Zusammenhang mit dem höfischen Epos, sondern eher mit der kirchlichen Lectio unmittelbar, aber auch mit der Spruchdichtung.

Zu den einzelnen Melodien
(Vgl. Literaturangaben Anm. 20)

5. Die Melodie der zwei ersten Zeilen ist aus den Neumen des Cpl 52 Heidelberg, Bl. 17v erschlossen. Die folgenden Zeilen stellen den Versuch dar, andere Verse dem Modell des ersten Distichons anzupassen. (1) Hier, aber auch sonst, bestehen mehrere Möglichkeiten.
6. Kirchlicher Lektionston.
7. Vgl. J. M. Müller-Blattau: Form und Überlieferung.
8. Die Melodie ist ein Zitat in dem Singspiel „Robin et Marion" des Adam de la Hale. Zur Übertragung vgl. E. Jammers: Epos, a. a. O., S. 87. (Dort auch weitere Literaturangaben.)
9 + 10. Vgl. auch Fr. Gennrich: Exempla altfranzösischer Lyrik, 1958 (Musikwissenschaftliche Studienbibliothek, 17), S. 8 + 9, und H. Anglès: Die volkstümlichen Melodien bei den Trouvères, in: Annales Universitatis Saraviensis 9, 1960, S. 11. (Bei beiden weitere Literaturangaben.) Zur gewählten Übertragung demnächst mehr in L. Schrade: Handbuch der mus. Notationskunde.
11. Facsimile bei E. Monaci: Facsimili di Antichi Manoscritti, Roma 1881 bis 1892, Taf. 57. Die Neumen geben die absolute Tonhöhe nicht an, desgleichen den Rhythmus nicht, die Intervalle aber nur undeutlich.
12. Vgl. u. a. A. Geering: Die Nibelungenmelodie; K. H. Bertau und R. Stephan: Zum sanglichen Vortrag, a. a. O., und W. Irtenkauf u. H. Eggers: Die Donaueschinger Marienklage, in: Karinthia 148/1958, S. 359.

12 a. stellt die Kernmelodie der Marienklage dar.

13. E. Jammers: Epos, a. a. O., S. 72; ferner: Deutsche Volkslieder mit ihren Melodien. Balladen Bd. 1, 173 und 179. – Zu Zeile 1 vgl.: Volkslieder, Anm. 1. – Der Kehrreim „eya" ist entgegen der dortigen Anmerkung 3 nicht „offensichtlich" spätere Zutat. Man vgl. das Melisma am Ende des 2. Anverses der Otfridstrophe (Melodie 5). Den Schluß könnte man als Rückentwicklung aus einer ursprünglich gedehnten Form betrachten (vgl. E. Jammers: Vortrag, a. a. O. S. 114).

13 a. bringt die Kernmelodie. Es ergibt sich eine sehr schlichte psalmodieähnliche Form.

14. Hönnweis = Hunnenweise? (vgl. schon v. d. Hagen: Minnesinger IV/1838 S. 907), Berlin fol. 24, S. 230.

15. Vgl. die Strophenform des Burggrafen von Regensburg (MSF 16, 1). Die Melodie an sich wird dem Ende des 13. Jhs. zugeschrieben (gemeint wahrscheinlich 12. Jh.): vgl. Balladen a. a. O., S. 195.

16. Die Herausgeber der Balladen (Balladen I, 178) nehmen an, daß der erweiterte Schlußvers zu Melismen bei anderen Versen anregte; indes übersehen sie, daß auch andere Verse erweitert sind. Aber im Unterschiede zur Nibelungenstrophe handelt es sich einesteils um die letzte Hebung, die hinzutritt – es sind kurze Floskeln, denen genau zwei Silben für eine 4. Hebung entsprechen; es handelt sich vor allem um die unregelmäßigen Gebilde des Zersingens, nicht um eine festgeformte Strophe.

17. Vgl. E. Jammers: Epos. – Ferner: K. H. Bertau und R. Stephan: Vortrag.
   (1) Vers 1 wahrscheinlich nicht ♩ ♩♩♩, sondern ♩ ♩♩ ♩; die Kadenz kann natürlich auch in der Form von Vers 2 und 4 gesungen werden: ♩♩ ♩♩;
   (2) In freiem Rhythmus schwankend zwischen ♩ ♩ ♩ ♩ ♩ und ♩ ♩ ♩ ♩ ♩.
   (3) und (4) Vers 4 ist (mit Bertau und Stephan) Vers 2 angeglichen worden (Hs.: FaGF usw.), jedoch nur, um das *Schema* deutlicher zu bringen [103a]

[103a] Vgl. S. 73. Es liegt also kein Schreibfehler des Hs. vor.

Die Spruchmelodien

I. Die Anfänge. Walther von der Vogelweide

Der Spruch vermittelt Erkenntnisse, Lehren, Mahnungen, alte Volksweisheiten, religiöse Wahrheiten, politische Aufforderungen: so hat die Musik nur der schlichten Aussage zu dienen. Ihre Form muß also eine Art Rezitativ sein.

Wiederum lassen sich nun zwei Quellen für die Entfaltung der Spruchmelodien feststellen, die aber hier, wo sich die Stoffe der Aussage mischen, zu einer Einheit zusammengewachsen sind. Schon bei der Spervogel-Melodie haben sie sich gefunden. Die eine besteht in der heimischen Fallzeile; d. h. die Stimme beginnt hoch, etwa in der Quinte oder noch lieber in der Oktave des Grundtones, und schließt auf diesem [103b]. Sie ist durchaus mit der „Melodie" des volkstümlichen Epos verwandt; sie ist deren zweite Hälfte, d. h. sie begnügt sich mit dem Kernstück, zu dem das breitere Epos noch eine aufsteigende Anzeile benötigte. Eine Langzeile oder noch wahrscheinlicher ein 4hebiger Vers mag für die Fallzeile zunächst genügt haben. Tonal liebt diese volkstümliche Art die anscheinend heimische C-Skala. Die andere Quelle des Spruchvortrages besteht wieder aus dem kirchlichen Rezitativ mit abschließendem kadenzierenden Melisma, das aber nicht zu einem „Grundtone" absteigen muß. Initium, Tenor, d. h. rezitative Partie, und Kadenz benötigen zur rechten Entfaltung eines 6–8hebigen Verses. Es ist selbstverständlich, daß diese kurzen Formen dem umfangreichen mittelalterlichen Spruche nicht genügen. Die Verse müssen sich zu Strophen zusammenschließen, und es besteht dabei mannigfache Gelegenheit, die Möglichkeiten beider Quellen miteinander zu verbinden [104].

Das „kirchliche Rezitativ" muß dabei nicht unmittelbar dem Choralgesange abgelauscht worden sein. Wir finden es bereits in provenzalischen Gesängen zu spruchartigen Texten, und selbst hier kann es vielleicht

---

[103b] Um sie hat sich besonders J. Müller-Blattau (Zur Form und Überlieferung, a. a. O.) bemüht.

[104] Vgl. auch E. Jammers: Zum Rezitativ im Volkslied und Choral, in: Jb. f. Volksliedforschung 8/1951, S. 86.

auf eine lange Vorgeschichte zurückblicken. Als Beispiele seien je eine
Weise Marcabrus und Bernarts de Born gebracht (Beispiel 18 und 19).

Auf deutschem Boden mutet die Spervogel-Weise (Beispiel 20) wie
einer der ersten Versuche an [105]. Sie bringt zunächst 2 sechshebige Verse,
die einigermaßen dem kirchlichen Rezitativ entsprechen; sehr deutlich
ist der erste – jedoch in der C-Lage. Die weiteren Verse (4 hebig)
bringen dann in mehreren Stufen und zweimal den Abstieg von der Oktave zum Grundtone C.

Auch bei Walther lassen sich beide Quellen noch feststellen. Doch muß
bei seinen Melodien weiter ausgeholt werden. Zwei Sprüche sind, wenn
auch nur als Bruchstücke, mit den zugehörigen Texten überliefert; die
Handschrift, zu der diese Münsterschen Fragmente gehören, ist fast
gleichaltrig mit den Handschriften B und C des Minnesangs, und es besteht kein Grund, an der Zuverlässigkeit der Handschrift zu zweifeln,
soweit man üblicherweise eine solche Handschrift als zuverlässig betrachtet. Eine andere Gruppe aber gehört der Kolmarer Handschrift an
– die Melodien sind fremdem Texte angepaßt, und es ist selbstverständlich, daß man bei ihnen mindestens solche Vereinfachungen vermuten
muß, wie sie die Kolmarer Handschrift gegenüber der Jenaer zeigt. Diese
Melodien darf man also bestenfalls und nur insofern als echt betrachten,
als sie das „Skelett" enthalten; die melodischen Umkleidungen gehen
ihnen ab, und wenn in der Reichhaltigkeit der Melodik die Münsterschen
Melodien sich von ihnen wesentlich unterscheiden, so liegt hierin die Ursache. Darüber hinaus muß natürlich gefragt werden, ob sie – auch von
diesen Vorbehalten abgesehen – echt sind. Dann bietet das Meistersinger-
buch Puschmans noch Melodien an. Hier ist selbstverständlich noch mehr
Skepsis am Platze –; man braucht sich nur daran zu erinnern, daß bisweilen Melodien der Kolmarer und der Meistersingerhandschrift mit
gleichem Namen und vom gleichen Verfasser nicht miteinander identi-
fiziert werden können [106].

An diese Unzuverlässigkeit der Meistersingerquelle muß man sich vor

---

[105] H. J. Moser möchte allerdings die Weise für jung halten, weil sie im
Aufbau nicht dem üblichen Schema entspricht; aber dann müßte sie jünger
sein als die Handschrift selber, in der sonst solche Abweichungen nicht vertreten sind. (Geschichte d. dt. Musik (4. oder 5. Auflage) I, S. 157.)
[106] Münzer, a. a. O., zu Nr. 66 bei Puschman.

allem bei dem sogenannten „Langen Ton" Walthers erinnern. Es ist versucht worden, ihn dem Reichstone Walthers zu unterlegen. Aber das Schema der von Puschman überlieferten Weise und das des Textes passen nicht, aber auch in keiner Weise zusammen. So wird man die Bemühungen angesichts der Bedeutung des Waltherschen Spruches loben, aber das Ergebnis ablehnen müssen. Die verwendeten Methoden sind notwendigerweise so, daß man mit ihrer Hilfe ungefähr jeden Text jeder Melodie anpassen kann. Natürlich bleibt es denkbar, daß Puschman eine Bearbeitung des Reichstones bringt – aber wie dieser Ton bearbeitet wurde, wie er aussah, das bleibt unerfindlich. Der Reichston ist der älteste (überlieferte) Spruchton Walthers. Anscheinend ist er in fast strophischer Form – wie auch der Spervogelton in seinem nichtkirchlichen Teil repetiert – aus heimischen Fallzeilen gestaltet worden, doch wohl mit Kennzeichnung der Schlüsse durch Melismen, und mit reicher Ausgestaltung der vergrößerten letzten Teilstrophe.

Walther scheint dann aber bald seine Basis verbreitert zu haben. Um die Münsterschen Fragmente zu verstehen, empfiehlt es sich, ihre Kernmelodien herzustellen. Dann ergibt sich, daß diese Melodien deutlich auf den Schluß hin angelegt sind.

Der Philippston (Beispiel 21): eigentliches Leben besitzt nur die Kadenz, und zwar ist die des zweiten Verses die Hauptkadenz; die erste ist eine Vorbereitung in der Quinte der zweiten, die dritte eine Rückführung, eine notwendige Ergänzung der zweiten. Diese Gestaltung des dreizeiligen Stollens dürfte typisch geworden sein. Die Kadenz des zweiten Verses ist aber so ausgestaltet, wie z. B. auch das Lied „Christ ist erstanden" (Beispiel 2) in der Klosterneuburger Fassung eine erweiterte Kadenz besitzt. (Beispiel 19 a). Vgl. auch die Ausführungen zum Melisma oben.

Der König Friedrichston (Beispiel 22): Es sind nur die drei letzten Verse musikalisch überliefert. Da aber in diesem Spruch die drei ersten Verse den drei letzten entsprechen (es handelt sich um einen Strophenbau, der der arabischen Gürtelstrophe [107]), aber in etwa auch choralischen Gesängen der Form A B A entspricht), so müßte sich ihre Melodie aus der der Schlußverse gewinnen lassen. Doch besteht eine Schwierigkeit: die Eröffnungsverse sind fallend, die Schlußverse steigend gebaut. So

---

[107] Idelsohn: Gesänge der jemenischen Juden, 1914.

muß eine Variation der Melodie stattfinden. Es gibt nun zwei Möglichkeiten für diese Variation: Entweder wird aus × / × :/ × / bei gleichbleibenden Tönen – oder die Endungen der Schlußverse werden die Auftakte der Eröffnungsverse. Alle anderen Versuche sind abzulehnen. Die zweite, durchaus vertretbare Möglichkeit haben Birkner-Maurer gewählt. Sie wird hier aufgegriffen. Die erste erscheint papieren, wenigstens von unserem Gesichtspunkte des Taktierens aus. Sie ist es aber nicht, wenn man auf den scharfen Akzent des Taktierens verzichtet, wenn man, wie es richtiger sein dürfte, den Blick auf die Kadenz der psalmodieähnlichen Verse richtet; und diese Art dürfte sogar in einem besonderen Punkte der Absicht Walthers entsprechen: Walther hat die ansteigenden Verse fallend, die absteigenden Verse steigend gestaltet und wiederholt dieses Spiel auch im Mittelteil. Dieser Gegensatz wird bei gleicher Melodie, aber verlagerten Hebungen, d. h. verändertem Abzählen, deutlich. Daher möge auch diese Version gebracht werden als Beispiel 22 a. Das Skelett (22 b) zeigt einen belebten rezitativischen Bau; vgl. dazu auch die Differenz zwischen 24 und 24 a. Man verstehe also auch die ausgeformte Melodie als ein Rezitativ – und bei einem Rezitativ ist ein syntaktischer Einschnitt fast an jeder Stelle möglich, wie ihn die anderen Strophen des Spruches verlangen.

Der Wiener Hofton (Beispiel 23) und der Ottenton (Beispiel 24) dürften als Skelettmelodien, d. h. mit Verzicht auf die spezifische Gestaltung, echt sein, da die Schemata der Quellen Kolmar und Puschman genau übereinstimmen mit denen der Texte. Die Fassung 24 a entfernt sich dagegen etwas vom Skelett und steht der Melodik der Münsterschen Sprüche an sich näher. Es bedarf aber noch eingehender Studien über die Traditionstreue des Codex Nürnberg Will. III 784, um festzustellen, wieweit diese lebhaftere Melodik auf Walther zurückgeht.

Während die beiden zuerst behandelten Töne stärker psalmodisch sind, fällt bei den jetzt zu besprechenden Tönen auf, daß die Fallzeile stärker benutzt wird, allerdings in enger Verschmelzung mit dem kirchlichen Rezitativ – und diese Verschmelzung ist enger, organischer als beim Spervogelrezitativ. Sie beginnen hoch, um eine Quinte oder eine Oktave tiefer zu schließen.

Der Aufbau des Hoftons ist mehrfach diskutiert worden. Er ist nach den Kadenzen vorzunehmen: hEC ‖ GEC | GGG EEC. Die Schlußgruppe ist als Einheit zu verstehen, als eine Erweiterung des Mittelstücks. Doch sind in ihm leichte Zäsuren denkbar: nach dem zweiten Vers, da der dritte den ersten wiederaufnimmt, und nach dem vierten, da der fünfte nochmals mit dem hohen C, d. h. der Fallhöhe, beginnt. Doch, es sind nur Zäsuren: es bleibt bewußt, daß G und dann E nur Vorstufen des Schlusses sind und daß C, das bereits von Stollen und Mittelpartien als Schlußton gebracht wurde, zu erreichen ist.

Zum Ottenton (24) ist schon in der Einführung gesprochen worden. Es sei aber noch auf die enge Verbindung von Zeile 8 und 9 miteinander hingewiesen. So wie sie syntaktisch eine Einheit bilden, so wird auch das Rezitativ nicht durch eine Kadenz unterbrochen (und auch bei einer melodischen Ausgestaltung des Rezitativs dürfte die Kadenz gefehlt haben). Der Schluß der 8. Zeile erfolgt also gewaltsam; seine Wirkung ist entsprechend: Das *sei* wird hervorgehoben. Die Wirkung auf den Zuhörer ist also genau berechnet.

Die anderen Melodien (25–27), die unter Walthers Namen überliefert sind oder ihm nachträglich zugeschrieben werden, können echt sein – unter den üblichen Vorbehalten, da es sich um späte Quellen handelt; es sind der melodischen Gestalt nach Spruchmelodien, aber sie lassen sich nicht bekannten Strophenmodellen zuweisen. Man versucht es, indem man Hebung und Senkung vertauscht, Melismen ganz oder teilweise auflöst oder gar die Versgrenzen verschiebt. So bei der „goldenen Weise" (26–26 b), wobei dann eine Liedstrophe entstehen soll. Solch kühnem Verfahren möchte sich der Herausgeber nicht anschließen. Die Kadenz, der Schluß ist das, was beim Vers am sichersten feststeht und am besten von der Tradition gewahrt wird. Natürlich gibt es bewußte Umgestaltungen von Melodien fremder Meister – mit Verschiebungen und Ausdehnungen der Kadenzen u. dgl. mehr. Ein Beispiel bringt Wizlaws *Nach der senenden claghe wil ich singhen*.[107a] Und es ist also auch denkbar, daß jemand Walthers Melodien umgestaltet hat (diese oder auch den „Reichston"), aber wenn man das annimmt, muß man auch noch weitere Umgestaltungen für möglich halten, und die Urgestalt zerfließt unter unseren Rekonstruktionsversuchen.

[107a] Vgl. Jammers: Untersuchungen zur Rhythmik und Melodik der Jenaer Liederhs. a. a. O., S. 282; Gennrich: Zu den Melodien Wizlaws, a. a. O., S. 86.

Zu den einzelnen Melodien

18. 19. Zweifellos „kann" man die Melodien modal übertragen (so F. Gennrich: Lo gai saber). Aber weder war die Moduspraxis damals in Südfrankreich selbstverständlich, noch entspricht sie der simplen Melodiegestaltung. Das gilt besonders für Bernart de Born.
20. Saran 9, 1; H. J. Moser: Musikalische Probleme des dt. Minnesangs, in: Bericht über den Musikwiss. Kongreß in Basel 1924, 1925, S. 261. Vgl. aber Melodie 24.
21. Vgl. K. Bützler, S. 8; Fr. Maurer, I S. 43.
21 a. Schema zur Erläuterung der Erweiterung der Kadenz und Verdopplung der Melodiebewegungen unter Wahrung der Grundbewegung (F E D).
22. und 22 a. Vgl. Bützler, S. 15; Maurer, I S. 54.
22 b. Kernmelodie zu 22, unter Verzicht auf die Nebentöne.
23. Vgl. Bützler, S. 39; Maurer, I S. 33; Wolfgang Mohr: Zu Walthers Hofweise und Feinem Ton, in: ZfdA. 85 (1954/5), S. 38; U. Aarburg: Wort und Weise im Wiener Hofton, ZfdA. 88 (1958), S. 196.
    (1) Hs. EF G G.
    (2) FG a G.   (3) Hs. C E C G D E C C.
24. Vgl. Bützler, S. 66; Maurer, I S. 49.
    (1) Hs.: d d. Vgl. aber die Schlußzeile sowie die Nürnberger Quelle (Melodie 24 a).
    (2) Diese Zeile schließt nicht mit einer Kadenz; sie bildet mit der folgenden eine Einheit. Das Enjambement ist also beabsichtigt.
24 a. Die „feine Weise" (Ottenton) ist auch in der Hs. Nürnberg, Stadtbibliothek Will. III. 784 (vgl. Kippenberg, a. a. O., S. 188) überliefert; sie ist dort lebhafter und steht daher in dieser Beziehung dem Original vielleicht näher. Doch sind die Abweichungen geringer, als es zuerst scheinen will, wenn man die andere Art der Melodik bedenkt: Entscheidend ist für die Melodie die Richtung auf den Zielton.
    (1) Hs.: d. Wohl in c zu verbessern.

(2) Der Puschmansche Ouvert-Schluß wird hier vermieden; vielleicht zu unrecht. (Vgl. die Spervogel-Melodie.) Anderseits ist die Verbindung der zwei Halbzeilen in N (de d c a G F C C F) besser als bei P. (c c c a G G C C D).

25.–25 b. Vgl. Bützler, S. 74; Maurer, I S. 41.

(1) Nach der Wiedergabe des Puschmanschen Buches durch G. Münzer wäre anders abzuteilen F̲ ̲D̲ ̲E̲ D̂. Entsprechend bei (2). Wie umfangreich die Unterschiede zwischen der Vorlage und den beiden „Anpassungen" sind, zeigt der Vergleich sofort. Man wird diese Versuche ablehnen müssen. Vertonungen zu den gewählten echten Texten bringt die Puschmansche Weise nicht.

26.–26 b. Vgl. Bützler, S. 50; Maurer, II/1956, S. 135; U. Aarburg: Walthers Goldene Weise, in: Musikf. XI/1958, S. 478. Daß das Tagelied einen anderen Aufbau hat als die Melodie, die ihm zugewiesen werden soll, weist Aarburg nach. Die Vergewaltigungen der Melodie ergibt der Vergleich. Dasselbe gilt für die andere „Anpassung". Auch hier muß man darauf verzichten, Melodien zu (bekannten) Texten Walthers gefunden zu haben.

27. und 27 a. Vgl. Bützler, S. 50; Maurer, I S. 27; Gennrich: W. v. d. V. Selbst der geregelte Wechsel von Versen der Formen 3× und 4, wie ihn der Reichston bringt, liegt im „Langen Ton" nicht vor. Es kann sich aber in ihm ein unbekannter Ton Walthers erhalten haben; wahrscheinlich ist das nicht.

II. Das 13./14. Jahrhundert

Durch Walther sind zweifellos Spruch und Lied einander angeglichen worden; das zeigt deutlich die Übernahme des Strophenbaus des Liedes bei vielen seiner Sprüche. Trotzdem bleibt die grundsätzliche Gestalt des Spruches gewahrt. Man kann sie deutlich wahrnehmen bei den Spruchweisen der Jenaer Handschrift. Die melodische Gestalt besteht immer wieder in einer Art Rezitativ, das durch eine Kadenz abgeschlossen wird.

Das Rezitativ kann dem kirchlichen sehr nahe stehen, d. h. es kann auf einem Ton erfolgen, der natürlich von Zeile zu Zeile wechselt und also sich senkt. Beispiele seien die Weisen 28, 29 oder 31. Doch kann es auch zwischen zwei Tönen pendeln, wobei der Gedanke an das Mainzer kirchliche Rezitativ [108]) näher liegt, als an das alte volkstümliche Pendelmotiv, wie es sich in Kinderliedern erhalten hat (vgl. z. B. Weise 30). Nicht vergessen darf man aber, daß der Text keine Prosa wie beim kirchlichen Rezitativ ist, sondern aus Versen besteht, und daß die alte Vierhebigkeitsordnung mitbeteiligt ist. Sie veranlaßt, daß die Haupthebungen, d. h. die dritte (fünfte oder siebente), einen höheren Ton erhält, wie natürlich auch in der Psalmodie bei längeren Texten die Hauptsilben einen höheren Ton erhalten konnten: nur daß das hier im Rahmen der Versordnung geschieht (vgl. Weise 31). Dieser Hervorhebung nach oben hin kann dann in der Fortsetzung des Verses eine Ausweitung nach unten entsprechen, so daß die rezitativische Linie belebte Gestalt annimmt (vgl. etwa Weise 32 oder 34). Daß sie aber als Auszierung verstanden wird, zeigte der Vergleich mit der Kolmarer Handschrift.

Hinzu tritt die Bewegung der Fallzeile, oft aneinandergereiht: so – auf uns ausdrucksvoll wirkend und zweifellos auch mit der Absicht, gesteigerte Aufmerksamkeit zu erreichen, verwendet – in der Weise 35; vgl. ferner Weise 31 und 38. Ein schönes Beispiel bringt auch die Weise 36. Der Rezitationston ist hochgelagert; es ist die Septime des Dorischen Grundtones D. Die 2. und 4. Zeile bringen den Fall zum D. Aber in schönem Ausgleich erfolgt nun in der 3. und 5. Zeile ein Aufstieg, so daß Stollen und Abgesang mit der Quinte schließen. Aber auch noch in der Spätzeit, etwa bei Oswald von Wolkensteins biographischem „Liede" (Weise 47), begegnen wir der Fallzeile.

Bereichert wird das Rezitativ auch durch das Initium – dessen Form wie beim Choral keine Bindung an den Akzent, hier also den Versakzent, eingeht. (Im gleichen Spruch kann $\acute{C}\,\acute{D}\,\acute{F}$ neben C D F auftreten [108a]).) Dieses Initium kann sogar (wie bei Antiphonen des Chorals) den Umfang einer Quinte annehmen (vgl. Weise 36). All das ändert aber den Grundcharakter der Bewegung zur Kadenz hin nicht.

Rhythmisch verläuft die melodische Bewegung bis zur Kadenz sehr einfach. Zweifellos läßt sie sich wegen ihrer Einfachheit jeder „Taktordnung" anpassen; doch widerspricht die einfache Melodik einer kräf-

---

[108]) Siehe oben.   [108a]) Vgl. auch S. 65.

tigen rhythmischen Ordnung. Vorzuziehen ist jedenfalls der schlichte Fluß des silbenzählenden Verses mit nicht differenzierten Silbenlängen. Vereinzelte Melismen auf dem Auftakte, bevor der Fluß beginnt, stören nicht.

Die Kadenz ist deutlich zu erkennen; natürlich hat auch sie, je nach dem Meister, ihre Besonderheit. Sie ist in der Regel melismatisch und durch diese Verzierung eindeutig vom rezitativischen Teil unterschieden. (In der Wiedergabe der Weisen wird ihr Beginn durch einen Doppelpunkt angedeutet.) Das Melisma ist dabei meist so ausgedehnt, daß der rhythmische Fluß unterbrochen wird. Diese Unterbrechung wird aber schon eingeleitet durch eine Dehnung der vorangehenden Silbe, die ihrerseits manchmal durch ein kleines Melisma angedeutet wird. Das Maß der Dehnungen ist dabei entsprechend dem rezitativischen Vortrag frei. Die Werte der Wiedergabe ♩ oder ♩ besitzen letzthin die gleiche Bedeutung. Ein recht deutliches Beispiel sei hier noch beigefügt:

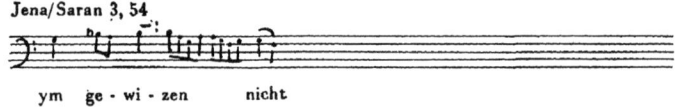

Das zweite Merkmal der Kadenz ist dabei das mit diesem Melisma verbundene Auslaufen der Bewegung, die einsetzende Ruhe – eine Pause, ein Atemholen. Ihr Hauptton ist in der Regel die 3. Vershebung. Doch sind nicht alle Verse 4hebig; es kann ferner die 4. Hebung melismatisch so verstärkt sein, daß man erst in ihr den Hauptton der Kadenz erblicken möchte (vgl. Weise 31 und 34); dann wird die Kadenz 2gipflig, wie sie es in manchen Psallierweisen des Chorals ist. Auch kann eine Kadenz umgedeutet werden zu einer Mittelfigur, einer Mediante, einer Zäsur, indem die Melodie weiterströmt bis zur wirklichen Kadenz. Das ist vor allem bei 8hebigen Versen (Weise 29) der Fall. Auf der anderen Seite kann das Melisma vor wie nach diesem Hauptt one einsetzen. (Man vergleiche die Weisen 36 und 37.) Daß die größte, gewichtigste Kadenz nicht die des letzten Verses ist, war schon erwähnt worden; der letzte Vers ist oft als ganzer eine Fortführung der vorangehenden Hauptkadenz, wie dies schon beim Philippstone Walthers sich ergab.

So entsteht auch hier ein großer Gestaltenreichtum, trotz der einfachen Grundhaltung der Spruchmelodien, keine Liedhaftigkeit, aber kraftvolle, eindringliche oder schmeichelnde Deklamation.

Zu den einzelnen Melodien

28. Saran 3, 1.
    (1) Ergänzt nach Saran.
29. Saran 3, 43.
    (1) Der Vergleich der Töne vor dem Melisma, d. h. beim Kadenzbeginn, legt nahe, die Einzelnote als ♩ wiederzugeben.
    (2) Oder ♩ : ♫♫.
30. Saran 3, 17.
    (1) Zweiter Stollen: nur b.
31. Saran 5, 3.
    (1) Der Text der letzten Zeile ist offensichtlich fehlerhaft überliefert: *Gewunnen wen wir ...*
32. Saran 29, 17.

32a deute die Kernmelodie an, mit Initien und umspieltem Rezitationston.

33. Saran 24, 1.
    (1) Zweiter Stollen: ch.
34. Saran 25, 107.
    (1) Zweiter Stollen nur: cha, wohl nach langem d.
    (2) Im ersten Stollen fehlt eine Silbe, es wird aber kein Ton (oder genauer nur ein Ton eines Melismas) ausgelassen, so daß eine Verschiebung der Töne bis in die Endung eintritt, bei der erst die letzte Silbe den melodischen Zielton erhält. Da aber sonst alle weiblichen Endungen auf gleichbleibendem Tone erfolgen, muß der zweite Stollen als korrekt betrachtet werden.
    (3) c c c. Bezüglich der Kadenz vgl. Weise 36.

35. Saran 25, 48.
   (1) Erster Stollen: c d e⃗; vgl. auch S. 73.
   (2) Zweiter Stollen: c̫b̫a̫.
   (3) Die Endungen ♩♩♩ sind bei dieser wie bei vielen anderen Melodien wohl nicht als ♩ ♩♩, sondern als ♩ ♩⁞♩ zu verstehen.
36. Saran 25, 15.
   (1) Der zweite Stollen hat die Melodie G a b c G; dritter Stollen: a b c d a.
   (2) Der große Aufstieg der 3. und 5. Melodiezeile steht neben dem kurzen der 1. und 2. und stellt die Rolle des c als Rezitationston nicht in Frage. Rezitationston a und Hauptton der Kadenz stimmen nicht überein. Der Kadenzhauptton liegt im 1., 2. und 4. Vers eine Terz, im 3. und 5. eine Quinte tiefer als der (umspielte) Rezitationston. Ähnlich Weise 32.
   (3) Vielleicht ausgeführt, wie 36 a angedeutet.
37. Saran 25, 35.
   (1) Eine Deutung des Doppeltones als Verschärfung (so Saran) ist abzulehnen; eher handelt es sich um eine Schreibgewohnheit, die aber schwer zu erklären wäre.
   (2) Die Handschrift bricht hier ab.
38. Saran 21, 69.
   (1) 2. Stollen: a.
   (2) Der Binnenreim wird weder in der 3. Zeile, noch beim 3. Stollen gewahrt; er hat also nur geringe Bedeutung. Die Gewichtigkeit der Worte soll, etwa durch eine geringfügige Zäsur, hervorgehoben werden.
39. Saran 15, 4.
40. Saran 6, 4.
   (1) Vgl. das Anwachsen des Kadenzmelismas von *werlde* zu *hennen*.
40 a. Bei der reichen Melismatik von 40 kann man auch an einen Modus denken. Die Kenntnis der Modalrhythmik darf man bei dem Wilden

Alexander voraussetzen, wie die Liedbeispiele dieser Auswahl und der Leich bekunden.

41. Saran 24, 22. Bei dieser Melodie macht sich ein anderes kirchliches Vorbild bemerkbar, die überströmende Melismatik etwa der Gradualien oder sonstigen Responsorien. Wie aber auch diese kirchlichen Formen im Grunde psalmodisch sind, wie überhaupt Melismatik und Rezitativ einander nicht widersprechen, sondern sich ergänzen, so wird auch bei diesem Spruch durch einen solchen intensiven Vortrag der Wesenscharakter des Spruches nicht gefährdet.

(1) Die Schlüsse sind einander anzugleichen! Die gestrichelten Bindebögen stellen den Vorschlag des Herausgebers dar. Vielleicht erlaubte sich der Sänger beim Vortrag gleiche Freiheiten wie der (nicht ungewandte) Schreiber.

(2) Verbesserungsvorschlag.

III. Die Spätzeit

Daß der Gestaltenreichtum des Spruches, wie ihn die Jenaer Handschrift zeigt, in der Kolmarer Handschrift verlorengeht, war erwähnt worden. Die Melismatik der Kadenz verschwindet weitgehend, aber auch die Umspielungen der Bewegungslinie treten zurück. Der zweite Umstand kann die rezitative Art oft besser zutage treten lassen, der erste aber verwischt dafür bisweilen den Unterschied von Spruch und Lied. Dazu kommt, daß die Sprüche öfters zu mehrstrophigen Gebilden nach der Art der Lieder – also nicht bloß zu Zyklen – sich entfalten. Letzthin bedeutet beides ein Schwinden der Formkraft der mittelhochdeutschen Lyrik.

Gleichwohl bestehen die Unterschiede natürlich fort – bis in die Musik des Mondsee-Wiener Liederbuches und des Oswald von Wolkenstein [109]). Der Mondsee-Wiener Spruch verzichtet stellenweise sogar auf das Zählen der Silben und nähert sich also der kirchlichen Prosa; Oswald von Wolkenstein benutzt offensichtlich bei seinen biographischen Erzählliedern oder besser -sprüchen die Musik fast nur als Mittel der Aussprache und be-

---

[109]) Vgl. H. Loewenstein, a. a. O. S. 16 ff., und N. Mayr, a. a. O. S. 114 f.

gnügt sich mit kunstloser Gestaltung: der Reihung von Fallzeilen, dem kaum verzierten Tonus currens und allenfalls einer formelhaften Verwendung von Initial- und Kadenzmotiven. Doch benutzt er auch, fast ohne es zu merken, ihm vertraute Mittel der Liedkomposition, so wenn er um des Kontrastes zu den Stollen willen einen schärferen Rhythmus beim Abgesang, etwa durch Binnenreime (vgl. Melodie 40) herstellt. Anderswo wird ein Dreierrhythmus für den Abgesang oder den Mittelteil der Weise benutzt (Weise 45), als Ersatz für das, was sonst an Gestaltungskraft gegenüber der vergangenen Periode verloren gegangen war.

Zu den einzelnen Melodien

42.–45. Das bisweilen als Plika oder als kurzer Ton gedeutete Zeichen der Kolmarer Handschrift ist nichts anderes als das Punctum der Choralhandschriften und hat also keine rhythmische Bedeutung. Nur gelegentlich denkt der Schreiber der Handschrift an den Rhythmus, so wenn er Noten verdoppelt oder ein Zeichen verwendet, das eine gewisse Ähnlichkeit mit dem Punctum hat, sich aber doch hinreichend unterscheidet. Es bleibt aber stets bei einer Andeutung; nirgends wird ein Rhythmus folgerichtig durch die Schrift angezeigt.

42. Runge 113.
    (1) Beim zweiten Mal: c.
    (2) Hier und in der folgenden Zeile wird anscheinend durch das oben erwähnte Zeichen ein kurzer Tonwert (♪) verlangt.
43. Runge 20.
    (1)–(2) Melodie des 3. Stollens (Zeile 22): c c h a G a b a – G F G a G F G a F F.
    (3) Handschrift: c.
    (4) Handschrift hat ein c zuviel.
44. Runge 56.
45. Runge 68. Beim „Steig" (Zeile 19–21) wird in den zwei ersten Zeilen ein Dreierrhythmus durch Doppelnoten angedeutet, wenn auch die Konsequenz fehlt.
46. Rietsch 92. Die Weise – alles andere als ein Meisterwerk – dokumen-

tiert im Gegensatz zu sonstigen Sprüchen eine (im vorliegenden Falle) amorphe „Psalmodie".
47. Koller 11. Der 3. Stollen nach dem Zwischensatz weicht nur im Schluß vom ersten und zweiten ab. Die Innsbrucker Handschrift besitzt geringfügige Varianten; sie ist, wie bisweilen auch sonst, etwas weniger melismatisch.
48. Koller 60.
   (1) Fehlt beim ersten Stollen in beiden Handschriften; ergänzt nach Koller.
   (2) Hs.: Semibrevis, während die sonstigen Zeilen mit einer langen Note (Brevis) schließen.

Die Lieder

I. Die Frühzeit. Walther von der Vogelweide

Das Lied hat eine andere musikalische Gestalt als der Spruch; das wird jedem sofort ersichtlich, der in der Jenaer Liederhandschrift blättert. Natürlich hat es Übergänge gegeben; aber sie tilgen den grundsätzlichen Unterschied nicht. Diese musikalische Formenverschiedenheit ist von der Aufgabe beider Gedichtgattungen aus zu verstehen.

Der Spruch will berichten, belehren; er wendet sich zunächst an den Verstand. Etwaige Entscheidungen der Zuhörer, der Belehrten aufgrund des Mitgeteilten berühren ihn nicht unmittelbar. Das Lied aber will erleben lassen; bei aller Beteiligung des Verstandes: es will die Zuhörer erfassen, es will die Gesellschaft „erbauen" – im doppelten Sinne des Wortes. Die verschiedene Zielsetzung kann nicht ohne Einfluß auf die Musik, auf das Verhältnis der Musik zur Sprache sein. Dort, wo der Verstand angesprochen wird, bleibt die dem Gefühl verbundene Musik nebensächlich; sie dient nur der Aussprache des Textes, sie bleibt im Bereich der Möglichkeiten des Rezitativs. Im anderen Falle kommt ihr – zusammen mit dem Texte – eine größere Rolle zu, sie muß von sich aus Gestalt, d. h. eine geschlossene Form gewinnen, um wirken zu können.

Der Gegensatz: Rezitativ – geschlossene Form (Aria) ist natürlich uralt und bereits Gegenstand der Musikethnologie. Doch muß er wiederholt neu gewonnen werden, unter neuen Aspekten neu konstituiert werden. Der neue Aspekt der mittelalterlichen Musik ist einesteils der Choral, andererseits gehört aber auch das Erbe der Vorzeit hinzu, der wir weder Spruch noch Lied absprechen können, das uns musikalisch aber unbekannt ist.

Im einzelnen ist dem Spruch, der offenen Form, die Reihung eigentümlich: also die zyklische Folge der Strophen, die Reihung der Verse, der nicht sehr gegliederte Fluß der Silben zur Kadenz – umgekehrt dem Lied, der geschlossenen Form, die feste Fügung der Strophen zu einem Ganzen, der Stollenbau der Strophe, der in sich geschlossene Bau des Verses. Beide Formketten basieren aber auf der verschiedenen Art der Töne: dort sind sie nur Träger des Textes, hier erlebnisbildend. Von diesen Punkten steht der erste („Zyklus" oder „Einheit" mehrerer Strophen) mit Recht im Disput der Literarhistoriker; die Musik kann, wie erwähnt, bei ihm keine Aussage machen. Der zweite ist im Laufe der Geschichte fast verschwunden: Der Spruch hat den Stollenbau übernommen. Doch zeigen manche Beispiele, daß der Abgesang eine Ausdehnung annimmt, die die Stollenwiederholung als Nebensächlichkeit, als Zugeständnis an die vornehmere Liedform erkennen läßt. Dasselbe gilt von der Hinzufügung eines zweiten Stollenpaares [110].

Der andere Charakter der Töne ist nicht leicht zu erfassen, obwohl er entscheidend ist und die Gestalt der Verse prägt. Der Vers des Liedes erhält seine „geschlossene" Gestalt durch den Bezug der Töne unmittelbar zueinander, während sie in der Spruchmelodie wesentlich nur zum Kadenzhaupt- oder -schlußton hinschauen. Die unmittelbare Beziehung der Töne zueinander kann nun eine melodische sein: Die Melodie steigt aufwärts und erweckt das Verlangen nach einem Gegenstück. Die Bewegungen stehen einander gegenüber. Selbstverständlich hat es solche Korrespondenzen immer gegeben, es sei denn, daß eine

---

[110] Hier einen Abkömmling der Sequenz zu vermuten, erscheint dem Verfasser entwicklungsgeschichtlich nicht erlaubt. Überhaupt hat Gennrichs Gliederung der Strophenarten in seinem „Grundriß einer Formenlehre" zwar einen sehr praktischen Wert – ähnlich dem Linnéschen System für die Botaniker –, aber nicht immer einen formgeschichtlichen.

Melodie in der Höhe beginnt; man denke etwa an den gregorianischen Bogen der Psalmodie[111]), die aber auch innerhalb des Chorals das liedhafte Element vertritt. Hier aber handelt es sich um durchgeordnete Gegenüberstellungen.

Die Beziehungen sind ferner tonaler Art. Man hört oder beginnt doch, simultanharmonisch zu hören[112]). Die Grundlage zu dieser neuen Art des Hörens schafft die neue Mehrstimmigkeit, die über den Tonhöhenbezug der Melodietöne zum angehaltenen Grundtone hinausgeht. Doch war schon dieser wichtig; er kam mit der päpstlichen Gregorianik nach Mitteleuropa[113]) und wurde mittels der Borduninstrumente lebhaft gepflegt. Die neue Mehrstimmigkeit aber gab den Begriffen Konsonanz und Dissonanz neue Inhalte, die im Bezug der Töne zueinander liegen.

Die Beziehungen sind schließlich rhythmischer Art. Es war erwähnt worden, wie das Abzählen, das mit dem Hauptton der Schlußkadenz enden muß, metrisch verfestigt, umgestaltet wird: Es wird gemessen, d. h. ein metrischer Bezug der Silben zueinander geschaffen. Hinzu tritt in allmählich steigendem Maße die „Vierhebigkeit", die als solche in Zukunft eine exakte rhythmische Bezugsordung schaffen wird.

Auf der anderen Seite verliert die als solche gestaltete Kadenz ihre Bedeutung. Ausgleich der Bewegungen oder gewonnene Konsonanz schaffen von sich aus die Kadenz. Ebenso schwindet das Melisma: Die Beziehung der Töne (die Modusordnung, die Beziehung der (sukzessiven) Harmonie) bestimmt deren Bedeutung; das Melisma wird nicht mehr zur Hervorhebung benötigt, es gefährdet vielmehr die unmittelbare Beziehung.

Diese Elemente des Liedhaften sind natürlich nicht sofort und nicht alle gleichzeitig da. Man kann die Entwicklung beobachten: im Lateinischen z. B. bei dem österlichen Preislied der Gregorianik (Melodie 49 a und 49 b). Das provenzalische Lied beginnt wahrscheinlich bei der Nachahmung der lateinischen Ritmi, nicht der Hymnen, die 4 zeilig festgefügt sind und metrisch sind oder doch das Metrum nachahmen. Freilich ist wenig von diesen Ritmi musikalisch erhalten; doch scheinen sie psalmodische Elemente noch zu enthalten. Die Weise 50 Bernarts de

---

[111]) P. Wagner: Einführung III/1921, S. 286.
[112]) E. Jammers: Musik in Byzanz, S. 103 ff.
[113]) Ebenda.

Ventadorn ist gleichfalls noch der Psalmodie verpflichtet; doch verrät der streng symmetrische Bau schon den neuen Gestaltungswillen. Auch wird die alte Melodik zugunsten einer neuen zerstört, indem dem gleichen Initium mehrere Kadenzen antworten. Bei der bekannten Melodie Jaufre Rudels liegen die Dinge umgekehrt [114]. Hier wird die Schlußkadenz durch alle Verse beibehalten und so unterliegt sie und wiederum auch die Bewegung zu ihr einer neuartigen Gestaltung; es werden Beziehungen hergestellt; die verschiedenen Wege, deren Rhythmus gleichfalls und geregelt wechselt, werden miteinander verglichen. Die Fixierung des Rhythmus durch die Modi, wohl erst bei den Trouvères, bildet dann die abschließende Stufe der Entwicklung, die im einzelnen noch nicht untersucht ist und hier auch nicht zu untersuchen ist.

Die deutsche Frühzeit liegt völlig im Dunkeln. Wir besitzen keine Quellen zum deutschen Frühling des Minnesangs, die auch die Melodien brächten. Doch versucht man, diese Lücke durch Kontrafakte zu stopfen. Es unterliegt keinem Zweifel, daß die frühen Minnesänger romanische Vorbilder nachgeahmt haben, und so liegt die Annahme nahe, daß sie auch die Melodien entlehnt haben. Mit absoluter Gewißheit läßt sich das aber kaum beweisen; vor allem bestehen Zweifel, wieweit die Melodien unverändert geblieben sind, zumal einige Veränderungen mit Sicherheit stattgefunden haben müssen. Da ist die deutsche Freiheit des Auftaktes; da ist ferner eine gewisse Unfähigkeit, die Dreisilbenordnung, d. h. den späteren 3. oder 4. Modus (fälschlich daktylischer Rhythmus genannt) zu gestalten, die erst nach einigen Versuchen bewältigt wird. Mit diesen Vorbehalten werden einige Melodien (54–61 und 84) gebracht – gleichzeitig als Beispiele für die französischen oder provenzalischen Vorbilder [115], wie auch als Muster für die deutschen frühen Minnelieder – gleichzeitig aber auch als Andeutungen für die Schwierigkeiten der Anpassung. In der Regel ist bei diesen frühen Liedern noch nicht ein strenger Modus zu erwarten. Man muß bedenken, daß auch die Übernahme der Gotik in Deutschland erst eine Generation nach ihrem Aufkommen in Nordfrankreich erfolgte.

---

[114] Zur Übertragung vgl. L. Schrade: Handbuch der mus. Notation.
[115] Die Frage, ob nordfranzösisch oder provenzalisch, scheint bei der bisherigen Suche nach übernommenen Strophenmodellen leider vernachlässigt worden zu sein.

Nichtmodalen Rhythmus darf man vor allem bei Liedern der „Niederen Minne" erwarten, um so sicherer, je weniger Motive der echten, „Hohen Minne" die Texte enthalten. Nun ist zwar Walther durchaus bestrebt, wie seinen Sprüchen so auch seinen Liebesliedern die hohe Form zu geben; trotzdem finden sich Spuren nichtmodaler Rhythmik. Die Dreisilbengruppen von 39, 11 *(Under der linden)* sind nicht als 3. oder 4. Modus zu verstehen. In diesem Falle würden die Worte *Under der Linden* (♩. ♩ ♩ ♩. ♩.) fast die Ausdehnung eines 7 silbigen Verses erhalten, wie sie nachher folgen. Der Punctus elevatus der Manesse-Handschrift aber bekundet deutlich, daß sie (entgegen der Lachmannschen Ausgabe) nur einen Halbvers bilden. In Frage käme allenfalls der 6. Modus. Aber es werden, soweit man ohne Kenntnis der Musik etwas aussagen darf, nicht Silben gegenübergestellt, fast abzählend, wie es Wesen der Modi ist, sondern dieser Rhythmus dürfte durch Hebungsstöße geformt sein, stärker als sonst bei Walther. Das verrät der Kehrreim *Tándaradei*. Entsprechend wird die Dreierbewegung deutlich durch die exponierten Dreisilbengruppen zu Beginn der Stollen (und durch das *Tandaradei* zu Beginn des Schlußstückes der Melodie) gefordert. Der Rhythmus verlief also etwa folgendermaßen [116]):

Modal ist aber sicherlich Walthers Palästinalied zu verstehen: bei der späten Entstehungszeit des Liedes ist diese Annahme gegeben. In Frage kommt nur der zweite Modus, in dem bereits Fr. Ludwig [117]) die Melodie übertragen hatte. Beide Annahmen ergeben sich aus der melodischen Gestalt der Stollen. Ihr ist eigentümlich, daß die melodische Bewegung sich auf den je zweiten Silben, d. h. auf den Senkungssilben vollzieht, die daher 2–4 Töne erhalten, während die Töne der Hebungssilben den

---

[116]) Ein Kontrafakt (ohne Umgestaltung, zu der wir nicht berechtigt sind), scheint mir nicht gegeben zu sein.

[117]) G. Adler: Handbuch der Musikgeschichte ²I, 1930, S. 204.

ersten Ton der Senkungssilben vorwegnehmen. Daher kommt den Senkungssilben die Länge des Modus zu, also nicht bloß wegen der Zahl der Töne, sondern auch weil sie die Träger der Bewegung sind, die üblicherweise sonst zwei Silben zukämen (vgl. 62 a). Der Dreierrhythmus ist also sogar deutlicher ausgeprägt als üblich. Es wird oft behauptet[118], daß Walthers Melodie von dem oben gebrachten Liede des Jaufre Rudel abhängig sei. Diese Meinung kann nur solange aufkommen, als man die bloß in einem ungeformten und irrigen Rhythmus wiedergegebenen Tonbewegungen aufs ungefähre miteinander vergleicht. Selbstversändlich bewegen sich beide Melodien in den Möglichkeiten, welche die Kirchentöne darbieten. Aber die eine Melodie ist provenzalisch vormodal, die zweite modal nach nordfranzösischer Art. Zwischen beiden besteht keine unmittelbare Brücke[119] [120].

Zu den einzelnen Melodien

49. Vgl. P. Wagner: Einführung in die gregorianischen Melodien, Bd. III/ 1921 S. 228.
50. und 51. Zwei der lateinischen Cantiones der Hs Paris BN lat. 1139. Vgl. auch Gennrich: Grundriß, S. 20 und 24.
52. Nach Hs Paris BN fr. 22543 (R) (vgl. C. Appel: Die Singweisen B. v. V., 1934; Beiheft 81 der Z. f. rom. Philol.)

---

[118] Literatur hierzu siehe bei Gennrich: Lo gai saber, 1959, S. 70.

[119] Zuletzt ist dieses angebliche Kontrafaktum noch Grundlage eines Kapitels der Arbeit von Kippenberg (a. a. O.) geworden. Der Irrtum ist nicht den einzelnen Autoren anzukreiden, sondern Folge eines gefährlichen Irrweges der heutigen Musikwissenschaft überhaupt. Man verzichtet darauf, die Frage nach dem Rhythmus zu stellen, und vergißt, daß ohne Rhythmus die Melodie zu einer amorphen Masse von Tönen wird. Folgerichtig wird dann auch die „Variationsbreite der mittelalterlichen Musik" zu einem gummiartigen Begriff.

Es mögen zum Vergleich auch noch die Kernmelodien gegenübergestellt werden:

J. Rudel: C F F́ F G É E D' D F G Ǵ F É E C" G ć c ć c h h Ǵ usw.

oder in anderer Handschrift: D F́ F F́ F D E D' D F G Ǵ F D E C" G á b ć ć a G usw.

dagegen Walther: D́ D F́ E D́ E D́ C' É G á G F́ E D" á ć á ć á usw.

53. Vgl. Fr. Gennrich: Lo gai saber, 1959. Musikwissenschaftl. Studienbibliothek 18/19, S. 8, jedoch mit anderem Rhythmus. Vgl. auch L. Schrade: Handbuch der Musikpaläographie.
54.–61. Die Beispiele sind entnommen aus U. Aarburg: Singweisen. Doch weicht die vorliegende Übertragung in rhythmischen Einzelheiten mehr oder minder ab.
54. Aarburg, S. 39: Singweisen. („Hoher Grad der Wahrscheinlichkeit der Melodieübernahme" zufolge Aarburg.)
55. Aarburg, S. 24. („Hoher Grad".) Da die vierte Silbe stets den Beginn des Melodiegefälles erhält, muß man sie als den „Akzent-Ton" des Melismas, besser: den Zielton des Verses betrachten (wie das sehr oft bei 6silbigen Versen der Fall ist).
56. Aarburg, S. 24. („Beschränkter Grad; es könnte auch eine andere romanische Melodie des gleichen Schemas benutzt worden sein.") Zum Moduswechsel (durch ┆ angedeutet), vgl. L. Schrade: Handbuch.
57. Aarburg, S. 31. („Beschränkter Grad.") Der deutsche Text alterniert; wenn der französische Zehnsilber im 3. Modus (/ \ ×) vorgetragen wurde, so hat der deutsche Dichter den Modus geändert. Das ist aber nur denkbar, wenn der Modus noch mit gleich langen Silben erklang: ♩ ♩ ♩, statt in der Form der strengen Moduslehre: ♩. ♩ ♩. (Vgl. auch Melodie 60.) Das steht der späteren modalen Fixierung nicht im Wege.
(1) Vielleicht diese Zeile doppelt so langsam?
58. Vgl. 56. Aarburg, S. 27. („Übernahme der romanischen Melodie zweifelsfrei.")

Sollte aber Walther von Jaufre Rudel angeregt sein, was sich aus dem Melodievergleich allein also nicht ergibt, so hat er nicht kontrafiziert, sondern umgestaltet, völlig umgestaltet. Bei aller „Variationsbreite" sollte dieser Gegensatz gesehen werden: Ein Kontrafakt liegt dort vor, wo weder Rhythmus, noch Strophenbau, noch Kompositionstechnik umgestaltet sind, noch Tonalität (und auch diese wurde hier geändert, was klar zutage liegt). Gewisse Abweichungen nicht grundsätzlicher Art (vgl. Melodie 2) mag man als Zersingen in Kauf nehmen.
[120]) Zu diesem Abschnitt gehört natürlich auch die „Kürenbergerweise", d. h.: man beachte auch die epischen Melodien.

59. Aarburg, S. 26. („Sicherheit der Übernahme.") Der Rhythmus der französischen Melodie ist klar. Die Melodik entspricht einer Dreierordnung des 10silbigen Verses. Bei der vierten Silbe beginnt ein Aufstieg; die siebente enthält den Höhepunkt, die zehnte den Tiefpunkt. Die Melodie zeigt große Ähnlichkeit mit den oben gebrachten Chansons à toile.

Der Deutsche beherrscht diese Dreierordnung nicht; nur von dem Höhepunkt der siebenten Silbe aus überläßt er sich dieser Ordnung, selten bereits von der vierten Silbe aus. So gelten also die Iktuszeichen → nicht recht für ihn. Er wird von der Melodie geführt. (Ob es freilich die vorliegende französische Melodie ist, sei damit nicht gesagt.) Sein Schwanken setzt aber einen Rhythmus ♩ ♩ ♩ voraus. Die Verlegenheitslösungen von Aarburg widersprechen dem gewählten Modus. Es werden stets zwei Fehler gegen ihn gemacht (eine Silbe wird gedehnt, eine andere entsprechend gekürzt). Zwei Fehler, die sich ausgleichen: statt zu sagen, der Dichter beachtet die Akzente nicht, er zählt nur. Das kann er aber nur, wenn nicht Längenunterschiede sein Zählen rhythmisch formen.

60. Aarburg, S. 34. („Übernahme beschränkt wahrscheinlich.") Die französische Melodie soll gleichfalls Dreierordnung besitzen. Wiederum widerspricht ihr der deutsche Akzent. Will man die Mißhelligkeiten vermeiden, so muß man entweder annehmen, daß der deutsche Dichter eine andere Melodie benutzte oder die des Gaze Brulé (bewußt oder unbewußt) änderte – oder, und das möchte der Herausgeber annehmen, die französische Melodie wechselte im Modus (Melodie 60a). Dieser Wechsel entspricht auch – am ehesten – den übrigen Strophen des deutschen Liedes. Man vgl. auch Melodie 57 und 59.

61. Aarburg, S. 30. Hier hat der deutsche Dichter die Dreierordnung bewältigt. Er hat durch Binnenreime die Iktussilben 1, 4 und 7 zu Akzentsilben gemacht und hat gleichzeitig Auftaktsilben hinzugefügt. Ob er nicht auch sonst die Melodie geändert oder eine eigene erfunden hat?

62. Vgl. Adler: Handbuch der Musikgeschichte (Fr. Ludwig); nur wenig verändert. Zur Literatur R. W. Linker: Music of the Minnesinger and early Meistersinger, 1962.

II. Das 13./14. Jahrhundert. Wizlaw

Um die deutschen Melodien des 13. und beginnenden 14. Jhs. zu würdigen, ist zunächst ein Wort zum Rhythmus dieser Lieder zu sagen. An sich ist natürlich eine Übertragung nach den Modus-Regeln auch in Deutschland gegeben. Auf der anderen Seite zeigen Notationen der späteren Epoche den Zweier-Rhythmus deutlich als vorherrschend, und daraus darf man schließen, daß er in der zu erörternden Zeit nicht gänzlich fehlen konnte. Der Herausgeber hat sich daher die Freiheit genommen, einzelne Melodien mit gleichen Silbenlängen (fälschlich formuliert: im geraden Takte) zu übertragen.

Aber auch die Melodien in Dreierordnung werden nicht immer den modalen Regeln entsprochen haben. Sie sind z. T. so übertragen worden, daß die Modi ♩ ♩ und ♩ ♩ einander ablösen, und zwar gelegentlich so häufig, daß man nicht von einer Vorbereitung des Schlusses durch Moduswechsel wie bei den französischen der ersten Epoche sprechen kann. Dieser Wechsel hier bedarf einer ergänzenden Erklärung. Es war bereits oben allgemeinhin erwähnt worden, daß der stoßende deutsche Akzent in der Lage war, die Modusordnung zu stören, daß also der Abstand zwischen den Akzentstößen in den Vordergrund der Aufmerksamkeit tritt und die Verschiedenheit der Silbenlängen vernachlässigt wird zugunsten einer besseren melodischen Linienführung. Das ist auch hier der Fall. Wizlaw liebt (wie überhaupt die Meister der Jenaer Handschrift oder ihr Schreiber?) eine sanfte, gleichmäßig schreitende Linienführung. Er vermeidet dabei auch, die Senkung zu schwächen, indem ihr Ton dem nachfolgenden Hebungston angeglichen wird. Daher gliedert er: f e d é und nicht f ed é, aber d dc ć und nicht dc c ć. Solchen melodischen Regeln wird der Rhythmus entsprechen dürfen. Diese Regel und der entsprechende Rhythmus setzen natürlich eine Bekanntschaft mit dem Modus voraus, insbesondere dem zweiten Modus, bedeuten aber eine Anpassung an einen Stilwillen des 14. Jhs.

Selbstverständlich bleibt es jedem unbenommen, alles im strengsten Modalrhythmus zu übertragen (wobei aber wieder die Wahl des Modus doch sehr subjektiv ist). Aber mit der papierenen Starrheit der

Theorie wird man den Gegebenheiten der Musik, d. h. im vorliegenden Fall der empfindsamen zarten Melodik eines Wizlaw nicht gerecht.

Zu den einzelnen Melodien

63. Saran 6, 30. Die Zeilen 2, 4 und 5a haben mehr absteigende, die übrigen aufsteigende Melodie; dem Richtungswechsel dürfte der Wechsel des Modus: ♩ ♩ - ♩ ♩ entsprechen.

    (1) Hs.: Erster Stollen c̰d d.

64. Saran 6, 37.

    (1) Beabsichtigtes Enjambement.

65. Saran 24, 23.

66. Saran 24, 32. Es scheint nach dem Muster des ersten Verses das Initium der Verse und Halbverse den Rhythmus ♩ ♩ zu verlangen. Auch besteht eine gewisse Ordnung:

    ```
    _ ᴗ _ ᴗ ⁞ ᴗ _ ᴗ _
      _ ᴗ _ ᴗ _ ⁞ _ ᴗ _ ᴗ _
      _ ᴗ _ ᴗ _ ⁞ _ ᴗ _ ᴗ _
        ᴗ _ ᴗ _ ⁞ _ ᴗ _ ᴗ ‾ᴗ‾ .
    ```

    Im Grunde sind aber die Melismen auch hier melodisch bedingt und mit ihnen die Wahl des Modus: Bei Abwärtsbewegung wird meist der zweite Schritt beschwert. So beruht das rhythmische Gleichgewicht auf dem melodischen.

    (1) Zweiter Stollen: c. (2) u. (3) Beim 3. Male: c und b.

67. Saran 24, 35. Zu dem Langvers und seinen Schlagreimen vgl. die Einführung. Melodisch entspricht den Schlagreimen das wiederholte Erklingen des g zu Beginn und auch am Schluß des Verses sowie natürlich der stufenweise Abstieg; aber auch dieser beginnt und endet außerhalb des Bereiches der Schlagreime. Eine Aufteilung des langen Verses ist daher melodisch unmöglich.

68. Saran 24, 38.

    (1) Hs.: h.

69. Saran 24, 41.
70. Saran 24, 44. Da keine Silbe – mit Ausnahme der Kontraktionen – melismatisch ist und da bereits ein Gegensatz zwischen schlichten Silben und diesen gedehnten Silben, d. h. den Kontraktionen von Hebung und Senkung, vorliegt, scheint ein gerader Rhythmus gegeben zu sein; ein weiterer Gegensatz zwischen den langen (♩) und kurzen (♪) Silben eines ungeraden Rhythmus wird nicht benötigt.

III. Der Ausklang

Die Melismatik ist nunmehr fast gänzlich geschwunden. Wir begegnen ihr noch zu Anfang oder Ende der Melodien, so daß der Verdacht, es seien instrumentale Vor-, Zwischen- oder Nachspiele, naheliegt (vgl. dazu auch „Lieder mit Begleitung von Instrumenten"). Solange aber Melismen noch innerhalb der Verse auftreten, muß man ihre Echtheit noch bejahen. Doch fügen sie sich nunmehr leicht in den rhythmischen Bau ein; wie den Textsilben in der Regel nur ein Ton zugeordnet ist und bei gleicher Länge der Textsilben die textierten Töne also gleichlang sind, so gilt dieser gleichmäßige Fluß auch für die Melismatik.

Um den Abgesang von diesem gleichmäßigen Rhythmus der Stollen abzuheben, wendet Hugo von Montfort gelegentlich, durch die Schrift mehr angedeutet als wiedergegeben, einen Dreierrhythmus an.

Oswald von Wolkenstein, etwas jünger und musikalisch begabter, vielseitiger und unterrichteter, liebt bereits mensurierte Aufzeichnungen, besonders bei den Liedern. Diese besitzen mitunter einen sehr ausgeprägten Rhythmus, der entwickelter ist, als die modalen oder halbmodalen Vorschriften ermöglichten. Der Rhythmus ist also nicht mehr vom Texte her gegeben, indem dessen Silben nach gewissen Regeln bewertet werden. Er ist dank der Notenschrift jetzt autonom. Besonders durch die Kurzverse mit ihren schlagartig sich folgenden Reimen wird bei Oswald und bei anderen Liedern der Zeit der Rhythmus scharf, sozusagen taktartig (vgl. auch bereits Wizlaws Weise Nr. 67). Auch die Tonalität hat bei Oswald von Wolkenstein oft ausgeprägten Durcharakter; man beachte z. B. die Leittonkadenz in der Melodie 73 (neben anderen Merkmalen).

Es handelt sich tatsächlich um den Ausklang des Minnesangs. Die

Lieder mit klar erkennbarer Instrumentalbegleitung folgen deswegen bereits als eine besondere Gruppe – außerhalb des Minnesangs im strengen Sinne.

Zu den einzelnen Melodien

71./72. P. Runge: Montfort; E. Jammers: Montfort; H. J. Moser: Geschichte der dt. Musik I (4. Auflage 1926, S. 190).

71. Während bei den Spruchdichtern (nicht eine Nachahmung der Sequenz, sondern) das Verlangen nach einer umfangreicheren Weise zur Einfügung eines zweiten Stollenpaares führt: AA BB C, wird hier von dem strengen Aristokraten der Stollenbau potenziert: AABC AABC DC.

(1) E beim zweiten Stollen.

(2) G a d c h c a.

(3) Beim zweiten Stollen: e d c.

72. Der Taktwechsel wird, wie üblich, nur anfänglich angedeutet, gilt aber zweifellos für die ganze Rede der Frau Welt.

(1) Beim zweitenmal G.

73. Koller 28. Mensurierte Aufzeichnung.

(1) Frei im Rhythmus vorzutragen; der Dichter hat in der späteren Handschrift normalisiert: einfaches h.

(2) Gleichfalls im freien Rhythmus.

74. Koller 49. Mensurierte Aufzeichnung.

(1) Hs. h h.

75. Koller 50: Nur Semibreven, an den Schlüssen der Zeilen Breven.

76. Koller 65 b.

(1) In beiden Wolkenstein-Hss. fehlt diese Note.

(2) Hs.: e; g von der Wiener Hs. übernommen. Von hier ab gehen beide Handschriften auseinander. Die ältere Handschrift hat keinen Moduswechsel.

77. Koller 68a. Der Rhythmus, durch die vielen Reime dem Taktrhythmus angenähert, läuft wie ein $^6/_8$ Takt durch. Die Handschrift B formt in einen $^4/_4$ Takt um, der aber von
   (1) ab durchbrochen wird durch den Rhythmus ♪ ♪♩ ♩.
   (2) Hs. A: ♩.
78. Rietsch 83. Obwohl seines primitiven Baues wegen eigentlich nur ein Volkslied, mag die Weise ihres Motives wegen hier Platz finden, wie sie auch Platz gefunden hat in der Sammlung des Spörl.
   (1) Die kurze Note nach der zweiten Hebung mehrfach notiert.
   (2) Ob es sich um Triolen handelt oder um Taktwechsel, ist nicht zu ersehen; bei einstimmigem Vortrag wird der Unterschied beider Rhythmen auch kaum wahrnehmbar sein. Zeile 4 und 6 notieren keine Minimen an dieser Stelle; der Dreierrhythmus gilt trotzdem auch für diese Verse.
79. Rietsch 81.
   (1) Die ♩. sind in Strophe I nur bei *trauben* angedeutet.
   (2) Die ♩. sind stets nur als ♩ notiert (mit zwei Semibreven, wie überhaupt drei Semibreven für einen Ton in der Handschrift nicht vorkommen).
   (3) In keinem Stollen verdoppeltes Zeichen.
   (4) Im ersten Stollen Doppelnote und F.
   (5) Im ersten Stollen nur a.
   (6) Einfache Noten in der Handschrift.
   (7) Zweiter Stollen: G f. – Daß dieses Lied in festem Rhythmus erklingen soll, ergibt sich sowohl aus den Schlagreimen, dem Rhythmuswechsel wie aus den Verdopplungen der Noten. Da die Notation aber nachlässig durchgeführt wird, bleibt doch manches im Dunkel. Den taktnahen Rhythmus mögen die gestrichelten Linien andeuten.

Besondere Liedarten

I. Die religiösen Lieder

Das geistliche Lied im Sinne des Liedes einer religiösen Gemeinde oder Gemeinschaft bildet sich erst allmählich aus. Ein Kennzeichen ist wohl der Ersatz des solistischen „Ich", das in den Sprüchen, aber auch in Walthers Palästinalied redet, durch das „Wir". Formal zeigt diese Gruppe im allgemeinen keine Besonderheit. Die Weise des Grafen von Arberg gehört zweifellos zu ihr; sie hat nicht bloß große Verbreitung gefunden, sondern dürfte tatsächlich Gemeindelied geworden sein. Beim zweiten Lied kann man dies bezweifeln. Anders steht es bei den Liedern des Mönchs von Salzburg, vor allem bei dem vierten der vorliegenden Gruppe. Es ist in der Melodieführung deutlich von der Hymne beeinflußt – und die Mondsee-Wiener Liederhandschrift bringt viele Verdeutschungen von Hymnen durch den „Münich" als Lieder, und so besteht wenigstens dieses Liedes wegen auch formal die Gruppe zu Recht. Der Einfluß der Hymne liegt nahe; er zeigt sich in den Schlußbildungen: in der Hinwendung des letzten Tones zum drittletzten. Durch diese Wiederkehr wird die Kadenz geschwächt, die Melodie erhält einen schwebenden Fluß, – und wir dürfen uns daran erinnern, daß die Hymne als Form älter ist als die im frühen Christentum aufkommende Kadenz als Ziel der musikalischen Bewegung. Dieser genauer bestimmbare Einfluß der Hymne aber beim „geistlich-religiösen Lied" spricht im übrigen gegen einen Einfluß derselben Hymne beim Minnelied im allgemeinen [121].

Zu den einzelnen Melodien

80. Runge 123a (Straßburger Überlieferung). Das Melisma der ersten Zeile stellt das Lied zu den Tageliedern (vgl. auch diese Gruppe).

---

[121] In der Lübecker Marienklage (vgl. A. A. Abert: Das Nachleben des Minnesangs im liturgischen Spiel, in: Musikforschung I/1948, S. 95), findet sich das Palästinalied Walthers kontrafiziert, und daher ist es wohl richtig, daß es trotz seiner Ich-Haltung in diesem Abschnitte wenigstens anmerkungsweise erwähnt wird. (Ein Zweifel läßt sich aber nicht bei dem Kontrafakt unterdrücken: Ob nicht beide Melodien einen gemeinsamen Ausgang haben, eine dritte Melodie oder gar einen Formelbestand?)

Das Lied wird als „Große Tageweise des Grafen Peter von Arberg" bezeichnet. Wir finden es kontrafiziert auch in der Lübecker Marienklage (s. A. A. Abert, a. a. O.). Der Abgesang wurde im Dreierrhythmus übertragen – unter Berücksichtigung der merkwürdigen Notenzeichen der Kolmarer Hs.; diese sind wohl nichts anderes als eine mißglückte Nachahmung und ebenso mißglückte Anwendung der Mensuralnotation.

81. Runge 7.
   (1) Z. 16: b g a a.
   (2) Z. 18: d e f f fe d.
   (3) Länge nicht in der Hs.
82. Runge 89.
   (1) Doppelnoten: ccd usw.; außer *fron, wyderfar, nar*.
   (2) Hs.: efg f ed e f e dh cdd.
83. Runge 91.
   (1) e d.
   (2) f f g f d c d f.
   (3) gf.
   (4) Nach Vers 18/22. Dagegen Z. 7: d e e fe f g g, und Z. 14: d e f g g a a.

II. Die melismatischen Lieder

Eine andere Gruppe von Liedern läßt sich deutlicher aussondern: die melismatischen Lieder. Unter ihnen seien solche Lieder verstanden, die stellenweise oder sogar als ganze in ein so melismatisches Gewand gehüllt sind, daß nicht bloß die Kadenz, sondern der ganze Vers oder das ganze Lied den klaren, aus den Silben ablesbaren Rhythmus verliert. Es handelt sich dabei um tonreiche Melismen, nicht um Gruppen von zwei oder drei Tönen. Solche Lieder bilden zunächst textlich keine besondere Gruppe – aber dieses Gewand verleiht ihnen doch deutlich einen besonderen Charakter. Die Quellen verzeichnen nur wenige solcher Lieder, wenn man von den Tage- und Wächterliedern, die gesondert vorgeführt werden sollen, absieht. Zweifellos waren ihrer aber mehr. Und es braucht sich nicht bloß um Lieder zu handeln; auch Sprüche können überreich mit Melismen ausgestattet werden. Wizlaws: *Ich warne dich* (Melodie 41) ist hierfür ein Beispiel.

Der Einfluß des Chorals ist klar, schon deshalb, weil nur in ihm eine solche Melismatik zu Hause ist. Der Text des Wizlawschen Spruches bestätigt diese Zuordnung. Unter den Liedern verrät das merkwürdige „*Ich sezte minen vûz*" die gleiche Beziehung zum Choral durch ein angehängtes evovae (die übliche abkürzende Wiedergabe der Worte *seculorum amen* durch ihre Vokale). Alexanders „*Sion trure*" gehört auch durch sein Thema in die Nachbarschaft des Chorals – wenn man es nicht besser als ein geistliches Wächterlied der folgenden Sondergruppe zurechnet. Die melismatische Gestalt von Walthers Lied „*Sie wundervol gemachet wip*" (53, 25) in der Kremsmünsterer Handschrift [121a] ist aber durch eine solche Verwandtschaft nicht erklärbar. Es ist vielmehr ersichtlich: das Melisma ist als solches ein Kunstmittel des Minnesangs, ein Mittel des besonders feierlichen Gesanges.

Wizlaws Spruch ließ einen klaren Aufbau seiner Melismatik erkennen. Die Melodie formte sich hier in siebentönigen Gruppen, die Versen mit sieben Silben oder drei bis vier Hebungen durchaus vergleichbar waren. Man darf ähnliches bei den Liedern annehmen; aber damit ist nicht gesagt, daß die Ordnung überall erkennbar ist. Die Übertragungen sind daher nur als Versuche zu werten. (Siehe ferner: Tage- und Wächterlieder, aber auch: Lieder mit Beteiligung von Instrumenten.)

Zu den einzelnen Melodien

84. Vgl. Aarburg: Singweisen, S. 20. Ein Kontrafakt der Frühzeit, dessen Melismatik aber modal gebändigt ist. Da keine Änderungen bei den Auftakten oder im Rhythmus beim Kontrafizieren entstanden sind, gehört es auch von diesem Gesichtspunkt aus zu den gesicherten Weisen.

[121a]) Facs.: A. Kellner: Musikgeschichte des Stiftes Kremsmünster, 1956, S. 69. (Wahrscheinlich nicht in allen Exemplaren brauchbar.)

84 a. Eine Übertragung ist unmöglich; auch die nicht ganz korrekte von G. Birkner (in: Fr. Maurer: Die Lieder Walthers von der Vogelweide, II/1956, S. 96) erfüllt nur den Zweck, anzudeuten, wieviel Töne den einzelnen Silben zukommen.

85. Saran 6/28. – Das erste Stollenpaar ist wahrscheinlich im 5. Modus vorzutragen; doch ist auch eine gerade Ordnung denkbar: ♩ ♩♩ ♩♩ ♩ usw. Es bleibt und ist vielleicht schon früher dem Vortrag überlassen geblieben, ob *manigen stoz* als volles Maß oder verkürzt in Anpassung an *schure* erklang. Die Melodie ist unvollständig erhalten.

(1) *Der* und *nam* nach v. Kraus: Deutsche Liederdichter. Auch das Metrum hätte entsprechend der Krausschen Ausgabe verbessert werden müssen, wenn es ohne Eingriff in die melodische Substanz möglich gewesen wäre.

86. Facs. v. d. Hagen: Minnesinger IV/1938, Taf. IX; vgl. auch E. Jammers: Anfänge der abendländischen Musik, 1955, S. 142 ff. Die Kernmelodie (d. h. das Skelett der Melodie, von der Melismatik befreit) zeigt den Aufbau, der vom Lai her bekannt ist: Aufstieg bis zu einem Gipfelpunkte (beim 6 silbigen Vers fast stets die 4. Silbe) und nachfolgender Abstieg. Nur auf so schlichter, ziemlich streng durchgeführter Grundlage ist diese Melismatik durchführbar. Selbstredend braucht dieser musikalische Gipfelpunkt nicht einen (textlich bedingten) Stärkeakzent zu erhalten.

87. Vgl. L. Runge, Montfort und E. Jammers: Montfort.

(1) 2. Stollen nur c.

III. Die Tage- und Wächterlieder

Daß das Tage- und Wächterlied als besondere Gruppe des Liedes herausgegriffen wird, dürfte schon vom Inhalt her begreiflich sein; es hat auch musikalisch seine Besonderheit oder kann diese doch oft aufweisen. Diese Besonderheit ist aber nicht unmittelbar vom Inhalte des Wächterliedes abzuleiten. Daß etwa die verschiedenen Sprecher des

Wächterliedes musikalisch erfaßt würden, daran ist in keiner Weise zu denken; das verbietet der Strophen- und Stollenbau der Lieder. (Hugos Dialog zwischen Ritter und Frau Welt ist im Rahmen der überlieferten Minnelieder eine einmalige Leistung.) Die Besonderheit besteht vielmehr in einer gesteigerten Verwendung der Melismatik. Diese erfolgte nicht so sehr, weil sie etwa auf eine Imitation des Wächterrufes zurückgehen könnte, vielmehr, weil sie notwendig erschien, um der Dichte des Abschiedserlebnisses gerecht zu werden. Doch ist ziemlich selten das ganze Lied melismatisch, sondern meist der Eingang, wie das schon bei Alexanders „*Sion trure*" zu beobachten war. Man kann ein solches Melisma auch schon bei Wolfram vermuten: Der Beginn *Sine klawen*, ein halber Vers mit Binnenreim am Eingang des Liedes mit diesem erregenden Bild: diese Stelle schreit nach melismatischer Ausgestaltung. Bis Oswald von Wolkenstein läßt sich dann diese Melismatik beobachten [122]. Doch kann sie natürlich unterbleiben; hierfür sei als Beispiel der stärker kirchlich gebundene Mönch von Salzburg gebracht.

Zu den einzelnen Melodien

88. Saran 24/19. – Von Wizlaws Melodie ist nur der Abgesang überliefert Vielleicht darf man annehmen, daß der Bau der Melodie die Form AABÁ hat, also mit Gennrichs Terminus ein „reduzierter Strophenlai" ist; das würde bedeuten, daß die Stollenmelodie in der zweiten und dritten Zeile des Abgesanges enthalten ist. Dann müßte der Schluß entsprechend dem kürzeren Stollenende verkürzt werden. Vgl. die zweite Strophe, die also Rekonstruktion ist. Sarans Korrektur des Textes *den tac* ist hart und widerspricht den anderen Strophen und der Melodik.

89.–91. E. Jammers: Montfort.
  (1) Wechselnd efe und efd; d ist wegen des folgenden f und als Gegensatz zur Schlußnote e von Stollen und Lied vorzuziehen.

---

[122] Siehe auch zwei Tagelieder, hrsg. von J. Wolf, in: Mittelalterliche Handschriften, Festgabe H. Degering, 1926. S. 325.

90. Die Melismen lassen sich in einem noch einfacheren Rhythmus vortragen, als dies – unter dem Einfluß von Runge (a. a. O.) – in der Studie des Verfassers über die Melodien Hugos (a. a. O.) vorgeschlagen wurde.
 (1) Fällt im 2. Stollen fort.
 (2) Gegenüber dem 1. Stollen erweitert. Diese Melismen im Umfange von vier Tönen können also mühelos dem Schema eingeordnet werden.

91. Runge 13 a. – Dieses Tagelied umfaßt bei Runge sechs Strophen; Strophe I, III, V und II, IV, VI haben die gleiche Melodie. So bilden je zwei Strophen eine übergeordnete Einheit. Alle sechs Strophen sind notiert; es versteht sich, daß die dreifache Notierung jeder Melodie zu zahlreichen Varianten führen muß.
 (1) III und V: agf ♪♪ ♩.
 (2) III: fedge e.
 (3) V: g h d e d hc ga (a)h.
 (4) I: haga agef dcd e.
 (5) V: hag agefdc d e.
 (6) III: e d c d.
 (7) III: fedec d g e.
 (8) IV: hc haga hc hh.
 (9) VI: hc h.
 (10) VI: c g hc h.
 (11) IV: a h chag ef edc.
 (12) IV: gfe f.
 (13) IV: e d h.
   VI: e e d.
 (14) IV: f g a gfe.

Aus der Verteilung der Melismen ergibt sich deutlich, daß Strophe I im ersten, Strophe II im zweiten Modus vorzutragen sind. Höchstens sind in der Schlußzeile überleitende Abweichungen denkbar; vgl. Melodie 86.

92. Runge 96. (Der Text schwankt zwischen Ich und Wir; so möge die Weise hier Platz finden.)
   (1) Die Hs. bringt Zeile 1–4 eine Terz tiefer.
   (2) Hs.: siehe 92 a. – Die Enden des Stollens und Abgesanges unterscheiden sich stark in der Melodik, nicht im Aufbau. Die Schlußnote der vorletzten Stollenzeile bedingt die F-Lage des Stollenschlusses; doch kann die Melodie (92 a) mit dem zweimaligen GF sowie dem E-Schluß nicht richtig sein. Trotz des Sprunges von der Schlußnote der vorletzten Stollenzeile zur folgenden Note wurde daher der Stollenschluß nach dem Liedschluß berichtigt.
   (3) Handschrift: a.
93. Koller 7. Die Innsbrucker Handschrift hat geringfügige Abweichungen.
   (1) 2. Stollen ed.
94. Koller 36 b nach der Innsbrucker Handschrift; die Wiener Handschrift ist rationaler. Sie bringt (1) ed und (2) dh g e cd e (fe).
   (3) e f a ba gf fg.
   (4) fg ba gf fg.
   (5) Beide Handschriften versehen die Vorsilbe ge-(sank) mit einer Note (g).– Die Handschriften notieren bei 1) und 3) Semibreven, d. h. in der Übertragung Viertelnoten; diese Notation hat aber nicht exakten Sinn. Auch sind diese Melismen vokal zu verstehen.
95. Koller 88 b nach der Innsbrucker Handschrift; in der Wiener Handschrift organal. Die Töne der Melismen sind gleich lang zu nehmen; das schließt nicht aus, daß die Melismatik gegliedert ist und also die letzten Töne der Melismen oder der Gruppen innerhalb eines Melismas doppelten Wert haben können, wie dies auch bei anderen melismatischen Liedern angenommen wurde.
   (1) Wiener Hs.: ♪♪ ♩ ♩ ♩ ♩.
   (2) So Wiener Hs.
   (3) Die eingeklammerten Töne fehlen in der Innsbrucker Hs.

Die Tanzlieder

Eine selbstverständliche Abart des Liedes ist das Tanzlied – jedenfalls musikalisch, während literarisch die Besonderheit nicht so auffällig ist, daß man ihm bisher eine eigene Aufmerksamkeit gewidmet hätte. Das Lied an sich möchte, sofern die Melismatik nicht störte, fast taktmäßig erscheinen; das zeigt schon Heuslers Rhythmuslehre. Wofern man aber den Rhythmus als Abzählrhythmus versteht, bei dem die Wort- oder Nebenakzente nach Möglichkeit den Hebungen oder Ikten des Abzählens zugewiesen werden, so entsteht nur ein taktähnlicher Rhythmus, der sich so weit vom echten Takte entfernen kann, daß der „taktwidrige" Meistersang keine Farce ist. Anders ist es, wenn der Tanz hinzutritt, sei es durchgeführt, sei es auch nur in der Vorstellung, in der Haltung. Denn mit ihm tritt die Körperbewegung, die Veränderung der körperlichen Gewichtsverteilung hinzu und damit sind wir eigentlich im Gebiete des Taktes angelangt. Der Verfasser hat an anderem Orte [123]) versucht zu zeigen, daß der neuzeitliche, also zunächst der „barocke" taktmäßige Rhythmus sein Dasein wesentlich der Musik der Tänze und Tanzsuiten verdankt. Aber auch der Tanz hat seine Geschichte, und es gibt Tänze, die nicht dem neuzeitlichen Taktrhythmus entsprechen, wie die frühe Sequenz, die weltliche sowohl (der Leich), wie ursprünglich auch die kirchliche[124]), oder wie der antike Tanz[125]), der für diese Betrachtung aber ausscheidet. Nur dort, wo die antithetische Struktur obwaltet, kann sich der uns vertraute Taktrhythmus entwickeln.

Die besondere Art des Tanzliedes läßt sich an den gegebenenen Beispielen hinreichend erkennen. Es handelt sich im wesentlichen um Neidhartsche Melodien, deren Echtheit man – mit den üblichen Vorbehalten infolge des Abstandes zwischen Erfindung und Niederschrift – dort unterstellen darf, wo sie mit echten Texten verbunden sind. Die Pseudo-

---

[123]) E. Jammers: Barockmusik, a. a. O. Ähnlich W. Gurlitt: Form in der Musik als Zeitgestaltung (Abhdlg. der geistes- und sozialw. Klasse der Akad. d. Wiss. u. d. Literatur, Mainz, 1954, 13 S. 663 mit Zitierung von H. Heckmann u. H. Besseler (1 53.)

[124]) E. Jammers: Musik in Byzanz, S. 302.

[125]) Thr. Georgiades: Der griechische Rhythmus. Musik, Reigen, Vers und Sprache, 1949.

Neidharte sind ihnen aber durchaus ähnlich, so daß eine stilistische Sonderung nach der Verfasserschaft schwerfällt [126]).

Welcher Art ist nun die rhythmische Bewegung dieser Tanzmelodien? Diese Frage kann verstanden werden als eine Frage nach der Taktart, ob also der Tanz im $^2/_4$- oder $^3/_4$-Takt stattfand. Aber diese Frage ist sekundär und schwer zu beantworten. Man kann zwar folgendes erwägen: Die Reigen der Bauern wurden „gesprungen", der höfische Tanz wurde „getreten"; daraus ließe sich dann folgern, daß die den Bauern gewidmeten Lieder, die im Freien gesungenen Sommerlieder im Dreiertakte, die Winterlieder im Zweiertakte getanzt wurden. Die Voraussetzung wäre, daß der „Sprung" den $^3/_4$-Takt, der „Schritt" den $^2/_4$-Takt fordere. Diese Voraussetzung steht aber dahin; man kann ebensogut das Gegenteil annehmen – und so muß einem jeden freigestellt werden, die Taktart des Herausgebers zu ändern.

Wichtiger ist eine andere Eigenschaft der Bewegung. Sie ergibt sich deutlich aus der Melodik. Diese ist bei den Sommerliedern stark pentatonisch, d. h. die Musik bewegt sich in den Tonreihen CDFGac, CDEGac, CDFGbc (und etwa deren Transpositionen). Von ihnen ist aber die erste grundlegend; die anderen treten als ihre Erweiterungen auf. Die erste Reihe – üblicherweise mit dem Finalton D – ist also besonders kennzeichnend [127]). Eine pentatonische Reihe ist aber sozusagen schwerpunktlos; die Melodie gleitet von einem Tone zum andern. So zerfällt denn die Bewegung in einzelne Sprünge: musikalisch in Dreiton-Gruppen ♩ ♩ ♩ oder ♩ ♩ ♩., bei größerem Umfange ♩ ♩ ♩ ♩ ♩ oder ♩ ♩ ♩ ♩. Solche Gruppen können dann aneinandergereiht werden. Sie sind die Kennzeichen der Neidhartschen D-Melodien. Das dürfte auch der altheimische Stil der Tanzlieder gewesen sein.

Aber sowie das höfische Element hinzutritt, kommt das quintische Tonsystem und die antithetische Melodieauffassung hinzu. Das bedeutet für die D-Lieder der Gegensatz von D : a, a : d; das bedeutet weiterhin die Verwendung von anderen Skalen und damit auch Reihen. Die der Körperbewegung willkommene musikalische Schwerpunktsbildung erfolgt nun durch den Wechsel der Reihen, durch eine Art sukzessivharmonischen

---

[126]) W. Schmieder: Zur Melodiebildung, a. a. O.
[127]) W. Müller-Blattau: Melodietypen, a. a. O., S. 67

Klangwechsels. Das setzt natürlich ein Hören von Klängen voraus; dieses dürfte sich aber seit der Einführung der päpstlichen Gregorianik ausgebildet haben. Es sei nochmals daran erinnert, daß bei dieser Choralart ein Bordun- oder Halteton eine große Rolle spielte, und daß Borduninstrumente im 10. Jh. Verbreitung fanden. Nunmehr folgten sich die Melodietöne nicht stufenmäßig, sondern sind auf den Schlußton ausgerichtet.

Im Grunde handelt es sich bei der Ablösung des heimischen Tanzes durch den höfischen um den gleichen Vorgang, der später auch beim Leich zu erwähnen sein wird: Die Reihe als eine wechselnd große, additive Folge von Kurzgliedern wird umgestaltet zu einer Gruppe von einander entsprechenden Bewegungen. Natürlich erhalten sich die Kurzglieder an sich noch lange, vor allem, wenn sie zu zweien gefügt einen Normalvers ergeben. Diese verschiedene Gestalt der Sommer- und Winterlieder zeigt sich natürlich auch im Strophenbau und ist hier längst von der Literaturgeschichte wahrgenommen: die pentatonische Reihe führt zur ungegliederten Strophe, die antithetische Musik der Winterlieder verlangt den Aufbau aus Stollen. Die Grundlage der Sommerlieder aber, der dreitönige Sprung ♩ ♩ ♩ oder ♩ ♩ ♩. ist, um dies noch nachzutragen, auch in getanzten Tropen älteren Stiles nachzuweisen [128]).

Als weitere Merkmale des Tanzliedes sei die Verarmung der Melodik erwähnt. Die Motive werden häufiger wiederholt, als es sonst beim Liede der Fall ist. Ein besonders deutliches Beispiel ist die Melodie 108. Man darf aber diese Armut nicht tadelnd vermerken, sondern muß sie vom Zwecke des Tanzliedes aus verstehen. – Die Silbenzählung wird natürlich beim Sprung durchbrochen [129]). Die Melismatik schließlich ist unbeliebt und ist, wo sie, vielleicht als Anklang an das nicht getanzte höfische Lied, auftritt, so gestaltet, daß sie sich mit Selbstverständlichkeit in das Gefüge des Rhythmus einordnet.

---

[128]) E. Jammers: Musik in Byzanz, S. 302.
[129]) Wie weit die Umgestaltung des modalen Rhythmus, wie weit Kurzvers und Schlagreim dem Tanz und der Instrumentalmusik zu verdanken ist, bedarf noch der Untersuchung.

Zu den einzelnen Melodien

96. Saran 24/29.

Wizlaws Tanzlied bedarf einiger Erläuterung. Es ist als echtes Tanzlied mit sehr geringem melodischem Material aufgebaut: Die Melodie der zwei ersten Zeilen entsprechen sich deutlich, doch vermeiden sie den eigentlichen Schlußton a (statt: (a) b a b c d͡d c | c͡c b a b c a erklingt der zweite Vers: c c b͡a g a b g.) Diese Melodie erklingt im Stollen zweimal, insgesamt also zunächst in drei Stollen sechsmal; doch werden sie und dazu der Schlußvers des Stollens auch noch im 2.-4. Vers des „Steges" (d. h. des eigentlichen Abgesanges vor der Stollenwiederholung) verarbeitet. Da diese Verse gegenüber dem Stollen verlängert sind, nimmt H. J. Moser (Geschichte der dt. Musik I) an, daß in ihnen das Tempo beschleunigt wird. Das ist aber unwahrscheinlich. Man muß für das Mittelalter doch wohl davon ausgehen, daß jeder Silbe eine volle musikalische Einheit entspricht. Demgemäß kommt ihr auch ein Tanzschritt zu. Eine Beschleunigung der Schritte selber aufs Doppelte ist aber unwahrscheinlich. Den zweiten Gegengrund liefert der Text selber: Der vierte Vers des Abgesanges enthält einen Binnenreim (der sowohl Saran wie Moser entgangen ist, aber durch Punkte in der Handschrift deutlich gemacht ist). Entsprechend bringt der zweite Vers des Abgesanges im Innern eine Dehnung dort, wo das Motiv des Stollenschlußverses innerhalb dieses Abgesanges auftritt. Ihr entspricht neben der Ligatur eine überschüssige Silbe. Der Bau des Liedes lautet also:

$$3 \smile, 3 \smile \mid 3 \smile, 3 \smile \mid 4 (\smile): \|$$
$$5 \smile \| 3 (\smile) + 4 (\smile), 5 \smile, 2 + 4 (\smile) \|$$
$$3 \smile, 3 \smile \mid 3 \smile, 3 \smile \mid 4 (\smile) \|\|$$

Die zweite Strophe hat weibliche Endungen im Abgesang. Daß es sich um Fehler der Überlieferung handle, ist abzulehnen; dafür sind die Stellen der Abweichungen rhythmisch zu markant. Auch schwebende Betonung u. dgl. ist bei einem formal so vollendeten Gedicht abzulehnen. Wie diese Stellen also den Rhythmus variieren, bleibe offen.

Aus allem aber ergibt sich, daß der höfische Tanz, für den das Lied ein sehr feines Beispiel ist, nicht allein von der strengen Vierhebigkeit, d. h. der Antithetik oder multiplikativen Ordnung ($\overgroup{2 + 2}$ $+ \overgroup{2 + 2}$) aufgebaut wurde. Auch er kennt noch das additive Element, das man der Modalrhythmik, wenigstens der anfänglichen, zuordnen muß. Dementsprechend wurden auch die Neidhartschen Tanzlieder nicht in ein Vierhebigkeitsschema eingepreßt.

97–108. Vgl. Schmieder, ferner Hatto-Taylor: The songs of N. Die Schlußlängen der Verse sind in der Regel nicht bezeichnet. Rhythmische Angaben der Handschriften liegen nur vor bei Nr. 98. Auch die Tonlage ist meist nicht gegeben, da der Schlüssel fehlt; doch darf die übliche Lage, d. h. der C-Schlüssel, auf der zweitobersten Linie angenommen werden. Auch die Gliederung ist nicht gegeben; nur die Zeilen werden meist durch Querstriche getrennt. In allem aber erweist sich die Ausgabe und Übertragung von Schmieder zuverlässig. Nur an wenigen Stellen und in der deutlicheren Ausgestaltung des Tanzrhythmus wurde von ihr abgewichen. – Zum Texte vgl. die Ausgabe von Wiessner, 1955. (Altdeutsche Textbibl. 44)

97. Schmieder c 21.
   (1) Hs.: d d̲c̲ a g = ♩ ♩. ♩ ♩ ♩. – Der Schmiederschen Übertragung der drei letzten Zeilen (97 a) konnte sich der Herausgeber nicht anschließen. Das hohe f als Schlußton einer Zeile ist zwar reizvoll, aber doch zu ungewöhnlich.

98. Schmieder c 28. – Dieses Lied ist mensuriert notiert und bekundet damit, daß für die Sommerlieder die Dreierordnung möglich ist.

99. Schmieder s 6.
   (1) In der Handschrift: Longa.
   (2) Auftaktnote ergänzt. Die Zeile der Handschrift ist um ein Modusglied (2 Silben) kürzer als die Textausgabe von Wießner 1923 verlangt, versieht aber eine zu tilgende Silbe mit einer Note.

100. Schmieder c 92.
   (1) Schmieder streicht diese Noten; sie können aber nicht ganz zwecklos sein, sondern stellen nach dem E-Schluß des Stollens

die D-Tonalität wieder her. Vielleicht führte ein Instrument sie aus.

101. Schmieder c 93. Vgl. auch Gennrich: Mittelalterliche Lieder mit textloser Melodie, a. a. O., S. 128.
   (1) Diese Stelle ist in der Handschrift zweifellos fehlerhaft; die vorgelegte Übertragung kommt mit der Wiederholung der Töne D E aus, die – eben als Wiederholung – leicht übersehen werden konnten. Schmieder ergänzt anders.
   (2) Gennrich paßt diese zwei Töne der Stollenmelodie an, tonal und rhythmisch. Da aber die folgende Zeile länger ist als die entsprechende des Stollens, ist die rhythmische Anpassung, damit aber auch die tonale, nicht angebracht.

102. Schmieder c 98.
   (1) Fehlt in der Handschrift.

103. Schmieder c 104.
   (1) Hs.: dc. Verbessert nach Schmieder.
   (2) Schluß dem Stollenschluß angeglichen. Hs.: f g a g a f d $\overset{+}{f}$ d f $\overset{+}{fd}$ d. Schmieder korrigiert anders.

104. Schmieder c 106.

105. Schmieder c 88.
   (1) Hs.: g f.

106. Schmieder c 1. Pseudo-Neidhart.
   (1) Ergänzt.
   (2) Die Verse 3, 6, 10 und 7 wurden einander angeglichen, unter Berücksichtigung der Handschrift Wien Suppl. 3344, wo das Lied gleichfalls notiert ist.

107. Schmieder c 17. Pseudo-Neidhart.

109. Schmieder Ko., ferner s 9. Pseudo-Neidhart. Vgl. auch Runge 14. Auch bei den „Pliken" dieses Liedes der Kolmarer Handschrift (vgl. demnächst auch L. Schrade: Handbuch der musikal. Notation) handelt es sich um einfache „Puncti" der Choralnotenschrift; sie sind also

ohne besondere melodische oder rhythmische Bedeutung. Die „melodische Armut" (Schmieder, a. a. O. S. 61) ist vom Rhythmus aus zu verstehen; sie ist „gewollt" und erzielt eine Steigerung des Verlangens nach dem Grund- und Schlußton. Die Kurzverse sind des Schlagreimes wegen gehäuft worden, so wie sie auch beim Leich als ekstatische Schlußsteigerung auftreten. Einheit des Rhythmus ist also die 4silbige Gruppe (4/4 oder 6/4, 6 8). Von dieser Einheit ist der Herausgeber bei der rhythmischen Übertragung ausgegangen; die Einzelsilben und Auftakte müssen Vertreter von Gruppen sein, damit sie einen rhythmischen Schlag – oder den betonten Tanzschritt – erhalten können. Es ergeben sich dann, nebenbei bemerkt, $18 + 18 + 14 = 50$ Schläge oder Bewegungen für das Lied.

Die Lieder mit Beteiligung von Instrumenten

Ein Instrument (etwa die Fidel) ist zweifellos immer bei den Liedern beteiligt gewesen. Es nahm aber eine dienende Rolle ein und konnte unbeachtet bleiben. Wahrscheinlich war sein Dienst am meisten bei größeren Melismen willkommen, bei denen der Wechsel der Silben als Stütze, vor allem für den Rhythmus, wegfiel. Es kann daher nicht überraschen, wenn wir um 1400 Liedern begegnen, die die Tonfiguren, die bislang als Melismen von der Singstimme oder auch von ihr ausgeführt wurden, nunmehr nur dem Instrument zugewiesen werden.

Im einzelnen mag der Übergang schwer festzustellen sein. Bei einigen Handschriften ist die besondere instrumentale Rolle gesichert, so wenn (wie in der Handschrift Berlin germ. fol. 922) die Noten vor dem Texte stehen, so daß wohl der Instrumentalist, aber kaum der Sänger sie benutzen konnte. Oder wenn die Schlußnote einer Figur nochmals für die erste Silbe des folgenden Verses geschrieben wurde (wie in der Mondsee-Wiener Handschrift). Sie kann noch deutlicher durch die Schreibweise des Textes werden: durch die Auflösung der ersten Silbe in zwei Teile, oder die Wiederholung des vokalen Anfangsbuchstabens, oder durch die Schreibweise der Melodie, indem eingefügte Striche die Melodie aufteilen.

(Alle diese Methoden verwendet die Spörlsche Handschrift.) Bisweilen spricht auch eine Merkwürdigkeit der Melodieführung für die Rolle des Instrumentes. (Vgl. den Sprung in die tiefere Oktave bei Beispiel 121.) In anderen Fällen, etwa bei einigen Liedern Oswalds von Wolkenstein, ist die Grenze nicht so klar.

Daneben ist die Mehrstimmigkeit zu erwähnen, an der das Instrument natürlich wesentlich beteiligt ist. Statt simpler Identität von instrumentaler und vokaler Melodie im Einklang oder Parallelklang oder statt eines ebenso primitiven Haltetons wird jetzt die zusätzliche Stimme selbständig. Auch hierfür ist die Spörlsche Handschrift, aber natürlich auch der vielseitige Wolkensteiner beispielhaft. (Um den Rahmen der Auswahl aber nicht zu sprengen, wurde auf die Beifügung von mehrstimmigen Kompositionen verzichtet.) Jedoch auch ohne den Blick auf die Mehrstimmigkeit: Allein das selbständige Auftreten des Instrumentes bedeutet eine Änderung des musikalischen Stiles. Der Spielmann tritt vor: Das bedeutet einen Gewinn an Volkstümlichkeit und eine Preisgabe oder doch arge Gefährdung der adligen Haltung dieser Musik. Die musikalische, besser die ästhetische Seite der Lieder erhält das Übergewicht über die unmittelbare Aussage. Die Lieder gehören einer neuen Welt an, in der Fürstenhof und Bürgertum den Adel zurückgedrängt haben. Volkstümlich, dem Instrument verhaftet – so wirkt auf uns auch die Melodik mit ihrer dreiklangartigen Grundstruktur, sei es auf dem Grundton c, wobei zwar noch kein „Dur" vorliegt, jedoch vorbereitet wird, sei es auf einem anderen, stärker kirchentonalen Grundton. Und sie ist grundtonbezogen, im Gegensatz zu der viel freier schweifenden, oft auch Terzen liebenden und fast pentatonischen Melodik Neidharts.

Der Rhythmus – diese Bemerkung gilt vor allem für die Spörlsche Handschrift – wurde bisher, sowohl von J. Wolf[130]) wie O. Ursprung[131]) gegen den Herausgeber H. Rietsch, nach der Vierhebigkeitslehre gestaltet, und die rhythmischen Zeichen der Handschrift wurden als Spielerei sozusagen beiseite geschoben. Solche Normalisierungen ergeben natürlich einen normalen Rhythmus. Aber man sollte den Zeichen doch einen Sinn abgewinnen, wenn auch bereit sein, viel Unsicherheit, Unkenntnis oder

---

[130]) Joh. Wolf: Handbuch der Notationskunde, 1/1913, S. 184.
[131]) O. Ursprung a. a. O., 5/1923.

Nachlässigkeit beim Schreiber oder Abschreiber in Kauf zu nehmen [132]). Dann wird sich leicht ergeben, daß auch manche textliche „Merkwürdigkeiten" keine Fehler, sondern beabsichtigte oder doch statthafte Abweichungen sind. Besonders beliebt war anscheinend ein gewisser Taktwechsel, d. h. der Wechsel im Zeitmaß der Silben: Diese werden nicht mehr wie üblich als ♩, sondern etwa doppelt so schnell gesungen: ♪♪ oder doch ♩♪. Zwischen beiden Arten unterscheidet der Schreiber nicht deutlich, oder er notiert gar ♪ ♩, das teils ein Schreibfehler sein, teils auch zurecht bestehen kann. Vor der dritten Hebung aber dürfte der Wechsel von Semibrevis und Minima, der oft regellos neben Semibrevis und Semibrevis steht, ♩.♪ neben ♩ ♩ bedeuten. Diese rhythmischen Angaben macht der Schreiber vor allem in den ersten Versen, beim ersten Auftreten der melodischen Figuren, und überläßt es dem Sänger, auch bei entsprechenden späteren Stellen genau so den Rhythmus zu wechseln. Bei alldem können viele Zweifel entstehen, und es mag dahingestellt bleiben, ob der Herausgeber immer richtig entschieden hat. Aber man sollte deswegen nicht auf diese Belebungen des Rhythmus verzichten, die die Fortschritte der Mensualmusik sich zueigen machen wollen.

Es erhebt sich natürlich sofort die Frage, ob solche Freiheiten der rhythmischen Gestaltung auch für die Lieder der früheren Jahrhunderte anzunehmen sind. Grundsätzlich können sie nicht ausgeschlossen werden, obwohl sie kaum von uns Heutigen ermittelt werden können. Es stehen ihnen aber einige Bedenken entgegen. Je unregelmäßiger die Melismatik die Lieder gestaltete, um so notwendiger war es, die Ordnung der Silben, d. h. ihren Modus (im engeren oder weiteren Sinne) zu wahren. Und ferner: dieser angedeutete Rhythmuswechsel setzt die Hilfe der Schrift oder die Übung des Instrumentalisten und Berufsmusikers oder die Stütze durch andere Stimmen voraus, was alles dem Minnesang im strengen Wortsinne fehlte.

Auf der anderen Seite: Man wird diesen rhythmischen Freiheiten nicht entscheidende Bedeutung beilegen dürfen: Die Vierhebigkeit ist bei diesen Liedern Grundlage der Gestaltung, daneben noch der Fluß zum Versende hin, das andere aber ist Zutat, die wahrscheinlich, entsprechend

---

[132]) Ähnlich Kippenberg, a. a. O., S. 70 f.

der lässigen Notierung, auch unter Umständen wegfallen konnte und kann[133]).

Zu den einzelnen Melodien

110.–117. Vgl. H. Rietsch und O. Ursprung. Die Schlüsse der Verse sind bald durch Doppelnoten als lang, die Anfänge durch Minimen als kurz gekennzeichnet, bald fehlt dieser Hinweis. Die Übertragung verfährt gleichmäßiger, vor allem, wenn Parallelfälle die Absicht des Komponisten klären, ohne daß hierüber stets berichtet wird.

110. Rietsch 22.
- (1) Ergänzt nach dem Vorbild der Schlußzeile.
- (2) Daß die vorangehende Figur instrumental ist, wird deutlich durch die Verdoppelung des c.

111. Rietsch 46; Ursprung S. 16. Ursprung weist das Lied dem Münich zu.
- (1) Hs. nur einfache Semibrevis; kann auch als ♩♪ ausgeführt werden.
- (2) Minima.
- (3) Semibrevis.
- (4) Semibrevis.
- (5) Hs. nur Doppel-Semibrevis.
- (6) Hier ist *sicher* mit zwei Semibreven ausgestattet; offenbar eine Verwechslung mit (4).

112. Rietsch 86. Der Rhythmus des Abgesanges wird nur angedeutet; es könnte also auch der Rhythmus ♪♪♪♪♩♩♩ gewünscht worden sein; auch steht noch ein gleichmäßiger schneller Ablauf der Zeilen zur Wahl.
- (1) Semibrevis.
- (2) Minima.

---

[133]) Zur Umgestaltung des normale Rhythmus vgl. auch H. Rietsch: Die deutsche Liedweise, 1904, S. 18 ff., sowie H. J. Moser, a. a. O., in dem dem Volksliede gewidmeten Kapitel.

(3) Fehlt in der Hs., falls man die Schlußformel den anderen ähnlichen (instrumentalen?) Zeilenschlüssen angleicht.

113. Rietsch 49. Ursprung S. 17 und 30.
 (1) Hs.: umgekehrte Folge: Minima – Semibrevis.
 (2) Einfache Semibrevis.
 (3) Minima; sie paßt zum auftaktigen zweiten Stollen.
 (4) Semibrevis.
 (5) Ergänzt.

114. Rietsch 36.
 (1) Hs.: einfache Semibrevis.
 (2) Hs.: zwei Semibreven.

115. Rietsch 87.
 (1) Hs.: Semibreven; hier ist der Rhythmus der Übertragung geboten durch die weiteren Strophen.
 (2) Hs.: Minima – Semibrevis, Minima, Minima. Denkbar wäre auch, den Rhythmus der Zeile wie folgt zu verstehen: ♪ ♩ ♪ ♪ ♪ ♪ ♪ ♪ ♩.
 (3) Nur zwei Semibreven.

116. Rietsch 85.
 (1) Hs.: zwei Semibreven.
 (2) Hs.: Semibrevis.
 (3) Hs.: einfache Semibrevis.
 (4) Hs.: Doppelsemibrevis, in beiden Stollen.
 (5) Zweiter Stollen:

nym - mer mer von

 in der Hs. aber Semibreven.

117. Rietsch 29. Ursprung S. 16 und 29. – Ursprung weist das Lied dem Münich zu. Mayer und Rietsch verbessern den Text (S. 413–415)

so, daß er eine geregelte Gestalt annimmt. Der Notenschreiber sanktioniert aber die verwilderte Form; bei den überschüssigen weiblichen Endungen vermeidet er Doppelnoten, bei überschüssigen Silben innerhalb der Verse verwendet er Minimen.

(1) Hs.: *mir mit trewen*.

(2) Im zweiten Stollen ist diese Silbe ohne Note; im ersten Stollen Minima.

(3) Hs.: g a c f g f f̱e d.

(4) Zweiter Stollen: Semibrevis.

(5) Die Semibrevis des zweiten Stollens wird im ersten Stollen fälschlich in zwei Semibreven (statt Minimen) aufgelöst.

(6) Semibrevis.

118. Koller 26.

(1) So die Wiener Handschrift; die Innsbrucker vereinfacht.

119. Koller 31.

(1) Vielleicht nur vom Instrument ausgeführt.

(2) Als vokales Melisma – ähnlich verwandten Figuren Wolkensteins – mit kurzen Werten übertragen.

120. und 121. Vgl. Fr. Gennrich: Textlose Melodie. — C. v. Kraus: Zu den Liedern der Berliner Hs. germ. fol. 922, in: Abh. d. Bayr. Akad. d. Wiss., phil.-hist. Abtlg., NF 21/1942. — M. Lang (und J. M. Müller-Blattau): Zwischen Minnesang und Volkslied, 1941. — E. Jammers: Deutsche Lieder.

Aus den Melodien der niederrheinischen Hs. Berlin, germ. fol. 922 (aus der Zeit zwischen 1410 und 1430) wurden zwei Rondel ausgewählt, da diese Form in Deutschland selten ist. Sie weist auf französischen Einfluß. Die Verteilung der Zeilen auf Instrument und Singstimme ist nicht restlos sicher. – Die Noten für die Auftakte des Textes fehlen in der Hs. grundsätzlich. Vgl. Gennrich u. Jammers a.a.O.

122. Vgl. Fr. Gennrich: Vier deutsche Lieder des 14. und 15. Jhs., in: AfMw. 11/1954 S. 169.

(1) Möglicherweise bleibt die Singstimme in der Höhe und die Auf-

zeichnung wendet sich mehr an den Instrumentalisten. (Wir Heutigen möchten uns natürlich durch den Text *Es sei* zu dem Oktavsprunge verleiten lassen.)

Der Meistersang

Ein anderer Ausläufer des Minnesangs ist der Meistergesang, der über eine große Zeitspanne geblüht hat und von dem natürlich hier nur einige wenige Proben geboten werden sollen. Er zerfällt in zwei Zeitabschnitte; in dem ersten werden neue Texte zu überlieferten Melodien gedichtet – er ist also musikalisch ohne Belang; im zweiten, beginnend mit Nestler (vgl. Melodie 45 und Folz) werden neue Töne komponiert, wobei schließlich auch die überkommenen Töne der älteren Meister oder Vorbilder absichtlich oder unbewußt geändert werden. Die Meister rekrutieren sich aus den Zünften, gehören also dem Kleinbürgertum an, und schließen sich in ihrer Kunst von der Umwelt ab. Der Stoff der Gesänge ist religiös-lehrhaft; doch gibt es auch weltliche und sogar ausgelassene Texte. Die Form muß für die lehrhaften Texte die des Spruches sein, also rezitativisch in einem weitgefaßten Sinne; indessen zwingt die Fülle dessen, was man berichten will, zur Mehrstrophigkeit, ja zur durchkomponierten Kette von Strophen oder Strophengruppen. Auch dringt bisweilen Liedhaftes ein, und diese liedhaften Wendungen werden schließlich weitergegeben an das Kirchenlied. Schließlich gibt es, wenn man so will, eine epische Sondergruppe, das „Bibellied", oder die Verarbeitung weltgeschichtlicher Stoffe. Aber das Rezitativ bleibt auch hier die Grundlage.
Der Rhythmus geht auf das schlichte Zählen zurück. Der Wortakzent spielt keine Rolle, außer beim Schlusse – und auch hier nicht immer. Er war bisher – im deutschen Bereich – ein Mittel gewesen, das Zählen zu einem Abzählen von je zwei oder drei Silben zu gestalten. Hierauf wird man also verzichten; man wird schlechthin dem Schlusse zustreben. Damit begibt man sich in eine sehr frühe Zeit der christlichen Versgestaltung zurück. Wie dies möglich war, ist ein nicht leicht zu lösendes Problem, das mit dem Hinweis auf ein Unvermögen falsch be-

antwortet wird[134]). Die Antwort liegt eher in dem Blick auf die Lehre, die auch bei den Meistersängern wahrscheinlich die Zahl der Silben betonte — und auf den Einfluß der Gregorianik, bei der (zu dieser Zeit sicher) die gleiche Länge der Töne eine gliedernde Rolle der Wortakzente beseitigte.

Die zweite Merkwürdigkeit sind die Melismen, schwer zu verstehendes Gut, das aber durch das Choralvorbild eine besondere Wertschätzung erhielt. Auch die Melismen sind in gleichem fließenden Rhythmus vorzutragen. Nun werden sie gern, wie gelegentlich auch die unmelismatischen Partien, mit rhythmischen Zeichen versehen, und zwar zunächst sehr oft mit einem Punkte. Er trennt das Melisma ab, bisweilen so, daß die Textsilbe neben dem Melisma noch einen Einzelton erhält, wie er jeder Silbe zukommt. In diesen Fällen wird das Melisma offenkundig zu einem Fremdkörper innerhalb der sonst so schlichten Versgestalt. Der Punkt kann aber auch einen längeren Tonwert bedeuten. Damit kommen wir zu den mensuralen Zeichen. Welchen Sinn haben diese? Ein Einfluß der zeitgenössischen Mensuralmusik, also der gehobenen kirchlichen Musik, liegt durchaus nahe. Aber wie weit reicht er? War es nur ein Einfluß der Schrift oder doch auch der Musik? Es kann sich dementsprechend entweder bloß darum handeln, daß man sich mittels solcher Zeichen wissenschaftlich gebärden wollte, es kann sich aber auch um eine tatsächlich mensurale Gestaltung handeln. Für beide Extreme lassen sich Beispiele vorlegen und Gegengründe vorbringen. Die Mensuren z. B. konnten ohne Stütze durch andere Stimmen nicht streng eingehalten werden, und die steten Varianten bezeugen ihre Unverbindlichkeit. Imgrunde wird es sich um eine Belebung des ungegliedert fließenden Rhythmus handeln, der an sich im Ungefähren des solistischen Vortrags sich vollzog und nun in mathematischen Maßen festgehalten wurde – so wie wenn man ein modernes Rubato durch exakte Werte fixieren würde. Entsprechend sind die Übertragungen zu verstehen, und entsprechend allem oben Gesagten vermeide man also einen Takt.

Zu den einzelnen Melodien

123. Münzer 35. Dazu Runge 67. – Die Meistersingermelodie ist flacher, rezitativischer. Dafür tritt die Kadenzmelismatik der Jenaer Hand-

---
[134]) B. Nagel: Der deutsche Meistergesang, 1952, S. 47.

schrift, die in der Kolmarer Handschrift verschwunden war, wieder ihr Amt an. Es zeigt sich aber, daß sie schematischer geworden ist. In Kolmar wird die Kadenz ganz auf die Schlußsilbe verlegt. Der Langvers (3. Vers) ist in zwei Verse zerlegt worden. Der Unterschied beider Stile ist ersichtlich; ob die Kolmarer Fassung die originale ist oder doch den Absichten des Spruchdichters, der noch der Mitte des 13. Jhs. angehört, gerecht wird, steht natürlich ebenso dahin, wie dies von der meistersängerlichen gilt.
(1) und (2) Vgl. die entsprechenden Stellen des Stollens.
(3) Statt f öfters e in der Hs.

124. Münzer 29.
   (1) Abgesang: d.
   (2) 1. Stollen ♩. ♩ ♩. 3. Stollen ♩. ♩ 𝅝.
   (3) Stollen dedc ch (?) mit Semibrevis für das c, so daß der Gesamtrhythmus derselbe bleibt.

125. Münzer 105/06: VI. Pal. germ. 132. – Zu Behaim s. E. Lauer: Michel Behaim, in: Kurpfalz 12/1961, S. 12f. Behaim gehört nicht im strengen Sinn zu den Meistersingern, da er den Wortakzent noch beachtet und sich von der Melismatik freihält. Die Melodie stützt sich auf die 1. und 3. Hebung; der Versausklang ist ärmlich.

126. Münzer 253. ♩ ♪ ♩ Hs.: ♩. ♩ 𝅝; vielleicht auch auszuführen als ♩ ♫.
   (1) Hs. (zufolge Münzer): a͡ag a.

127. Münzer 279.
   (1) 𝅝 ♩ ♩ ♩ 𝅝 ♩ ♩ 𝅝
   (2) 𝅝 𝅝 𝅝 ♩ ♩ 𝅝
   (3) Das dritte Mal: c a gf e (gf = ♩ ♩; nachher erscheint die gleiche Figur gf als ♩ ♩, wieder ein Beweis, daß diese Mensuralnoten den Rhythmus nicht im üblichen Sinne andeuten, sondern eher gruppieren wollen.)
   (4) 𝅝 𝅝 ♩. ♩ 𝅝 ♩ ♩ 𝅝
   (5) ♩ ♩ ♩ 𝅝 ♩ ♩ ♩ 𝅝 ♩. ♩ ♩ ♩ 𝅝 ♩ ♩. ♩ ♩ ♩

128. Münzer 281.
    (1) Bald ♩. ♩ 𝅗, bald ♩. ♩ ♩ geschrieben.
129. Münzer 275. – Die Koloratur wird in der Handschrift mit größeren Gegensätzen zwischen langen und kurzen Tönen notiert. Vgl. 126.

Die Leichmelodien

Neben dem Spruch und dem Lied wird als dritte Hauptgattung der Minnepoesie der Leich aufgeführt. Während die bisher vorgeführten Formen sich mit dem Minnesang entwickelten, kam der Leich als fertig ausgebildete Form zu ihm; es handelt sich beim Leich des Minnesangs um die letzte Lebenszeit einer Kunstgattung, die bereits seit Jahrhunderten vor ihm blühte. Wir begegnen ihr als lateinischer Dichtung in der Sequenz, in der kirchlichen und weltlichen, und sie scheint von den Kontakia der Byzantiner oder deren syrischen Vorbildern abzustammen[135]). Diese lange und noch weithin ungeklärte Vorgeschichte wie auch der Umfang der Kompositionen macht eine eingehende Darstellung hier unmöglich.

Die Hauptmerkwürdigkeit des Leiches ist die enge Verbindung von Tanz und Didaktik, wobei unter Didaktik an Predigt- oder Loblieder weltlicher und geistiger Art, unter Tanz aber mehr an eine rhythmische Beteiligung des Körpers als einen modernen Paartanz gedacht werden muß. Weiterhin seien folgende Einzelheiten hier erwähnt: die besondere Rolle der Einleitung, die etwa das Programm des Lobreigens angibt; sie steht ursprünglich und auch oft später in anderem Rhythmus, da sie noch nicht zum Tanz gehört; dann die paarige Ordnung der „Lieder" oder Strophen, die auf einen Frontreigen mit zwei einander gegenüberstehenden Reihen schließen läßt; das Schlußglied, das das Hin und Her der Schreitenden durch eine Vorwärtsbewegung ablöst (en arrière heißt es bei einem Responsoriumstropus in Leichform in einer Handschrift des 14. Jahrhunderts[136])).

---
[135]) E. Jammers: Musik in Byzanz, S. 307.
[136]) Ebendort.

Die Art der Bewegung ändert sich natürlich im Wandel der Zeit. Im Anfang überwiegen Einzelschritte (kürzere Neumen) – vielleicht entsprechend den Schritten oder „Sprüngen" der pentatonischen Neidhartlieder. Die einzelnen Bewegungen sind lose zusammengefügt, und sie ließen sich mühelos vermehren, ohne daß eine musikalisch-tänzerische „Konstruktion" dadurch bedroht gewesen wäre. Melodik und Tonalität verhalten sich demgemäß. Für die neue Form aber, die im Minnesang vorliegt, gelten im allgemeinen die gleichen Regeln, die auch sonst für die Musik des Minnesangs maßgebend sind. Im einzelnen ist freilich die Musik der Leiche noch wenig untersucht.

Es mögen zwei Beispiele gebracht werden, das Fragment eines umfänglichen Leichs von Winterstellen als Beispiele für groß gestaltete Bewegungen, die den Langversen der Leiche entsprechen; sowie der Minneleich des Alexander als ganzer (er ist verhältnismäßig kurz), als Beispiel für Leiche mit normalen 4 hebigen Versen: Bei dem ersten Beispiel ist sozusagen spürbar, wie die Tänzer hin- und herschreiten. Bei dem zweiten wird die Tanzbewegung mit ihrem Vorwärts und Rückwärts weniger deutlich, dafür aber ist der Rhythmus an und für sich um so deutlicher, da von der dritten Hebung an die melodische Bewegung aufhört, diese Hebung also fortlaufend sich als starker Akzent bemerkbar macht.

Zu den einzelnen Melodien

130. Jena 6, 41; vgl. ferner Wien 2701 mit Melodie (Rietsch) und C (412). Der Text der Jenaer Hs. wurde beibehalten; man vgl. aber C. v. Kraus: Dt. Liederdichter des 13. Jhs., 1953, I, S. 25 ff., und II, S. 13 ff. Vgl. ferner noch H. Kuhn: Minnesangs Wende, 1952, S. 134. Die Jenaer Quelle scheint zuverlässiger zu sein als Wien 2701. Diese Quelle vereinfacht die Melismen und wäre also leichter zu übertragen, besonders im Stollenpaar V (s. w. u.). Gewählt wurde der 1. Modus (und er wurde strenger beibehalten als bei Rietsch); nur Schlüsse und der Anfang des Stollenpaares VI legen Moduswechsel nahe. Die Verse abzugrenzen ist schwer; der Leich als Tanzstück, und dieser Leich als Werk des 13. Jhs. insbesondere, verlangt, in der Regel wenigstens, durchlaufenden Vortrag, zumal der Text

in der Einleitung und am Schluß bewußt die Vers- und Stollengrenzen überschneidet. So kann bei einigen Kurzversen ihre Selbständigkeit bezweifelt werden. Der Herausgeber hielt sich aber genau an die Versgliederung von Kraus. Sie wird richtig sein; denn nach ihr ist das Werk zahlenmäßig klar gebaut: 144 = 12 × 12 Verse. Die weitere Gliederung erfolgt gleichfalls zahlenmäßig; doch sind zwei Methoden der Einteilung durchführbar. Der Leich zerfällt nach Maßgabe der Tonarten in folgende Teile, wobei alle eine Quarte höher transponiert sind (mit Ausnahme des Äolischen, das als in die Quintlage transponiertes Dorisch verstanden werden darf).

A I–III   dorisch   = 20 Verse
   IV   aeolisch   = 8 Verse   48 = 8 × 6
   V–VII phr., hypophr., phr. = 20 Verse   11 × 6
   VIII–IX hypodor.   = 18   18 = 3 × 6

B X–XIII; X a–XIIIa phryg. = 2 × 18   36 = 6 × 6
C XIV–XV hypophr.   = 12 Verse   13 × 6
   XVI–XVIII hypophr.   = 30 Verse   42 = 7 × 6

$$24 \times 6 = 144 = 12^2.$$

Wenn man dagegen die Schlußmodulationen der Handschrift nicht als Fehler betrachtet, sondern als Bekundungen des Einteilens, gliedert sich A in die Teile:

I–III   dorisch, ins Äolische modulierend   = 20 Verse
IV–VI äolisch, phrygisch, hypophrygisch, ins Hypo-
        dorische modulierend   = 20 Verse
VII–IX phrygisch, hypodorisch   = 26 Verse.

Die Zahl der Stollen beträgt 18 (4 davon verdoppelt):

A = 9; BC ebenfalls = 9 (+ 4).

(1) Hs. beim 2. Stollen: g - wohl kein Fehler, sondern eine Anpassung an den folgenden Vers.

(2) Hs. im 1. Stollen: *die tröstet mich* mit einer zusätzlichen Silbe:

entsprechend die Melodie a h c, mit leichter Anpassung, nicht schematisch a a c.

(3) V: Da der Schlußvers durch melismatische Dehnung den 4-hebigen Fluß unterbricht, möchte man den ähnlichen Melismen anderer Stollen das gleiche Recht zubilligen. Die Wiener Melodie (V) verlangt sie nicht; trotzdem wollte der Herausgeber das Problem nicht durch eine Korrektur von Jena verharmlosen. Er möchte allerdings annehmen, daß hier der Schreiber – doch wohl jemand, der Choralnoten schrieb und Choralmelodien sang – den Leichrhythmus nach Art spätmittelalterlicher Sequenzen umdeutete. Ähnliche Erweiterungen finden sich aber auch in der Mehrstimmigkeit (vgl. Jammers: Anfänge der abendländischen Musik).

(4) f fe d c im 2. Stollen. (4') c im 1. Stollen,

(5) Nach üblicher Anschauung (so auch Saran) ein Fehler der Hs.

(6) 2. Stollen falsch notiert.

(7) 1. Stollen e.

(8) 1. Stollen de.

(9) Überflüssige Noten, die durch Textkorrekturen entbehrlich wurden, aber die Freiheit beim Vortrage erkennen lassen[137]).

131. Fragment; nur erhalten durch die Wiedergabe bei v. d. Hagen. Jede Doppelzeile umfaßt 14 Modi:

13^b: $(3 + 3 + 3) + 5,$
14^a: $(3 + 3) + 2 + 6.$

Als Modus, d. h. Maß, wurde ♩ ♩ gewählt, an den Enden oder Anfängen der Zeilen bisweilen ♩ ♩. – Ein Zweierrhythmus ist natürlich auch denkbar, aber bei Winterstetten nicht wahrscheinlich. Die Doppelzeilen von Stollen 14 besitzen eine besonders schöne Symmetrie; genau in der Mitte, auf dem Höhepunkt der Bewegung und

---

[137]) Abweichungen vom Schema ohne Noten kann der Textphilologe leicht als Schreibfehler bezeichnen; auch mit Noten mögen sie meist Änderungen des Originals bedeuten, sie sind aber in vielen Fällen so vorgetragen worden. Vgl. auch S. 73.

der Melodie, beginnt, durch den Kurzreim verdeutlicht und ein Verweilen auf dem erreichten Tone eingeleitet, der Abstieg der Melodie: die Reihe der Tanzenden schreitet wieder zurück.

Die Melodien und Beispiele

Zeichenerklärungen und Vortragsregeln[138]

Jede Zeile ist als eine Einheit zu verstehen und, durch Pausen von den Nachbarzeilen getrennt, langsam und für sich allein vorzutragen.

) = Zäsur. Die Zeile wird in Teile zerlegt; doch darf keine Pause entstehen, durch die die Einheit der Zeile aufgehoben würde.

→ = Hebung. Die rhythmische Bewegung verläuft in Hebungen und Senkungen. Man vermeide eine scharfe Akzentuierung, durch die ein Takt entstehen könnte.

λ = Kadenzgipfel, Ende der rhythmischen Zeilenbewegung.

(λ) = Mediante; nicht zu voller Entwicklung gelangte Kadenz. Die Bewegung läuft weiter.

(λ)λ, λλ = Zweigipflige Kadenz.

⁞ = Moduswechsel, Rhythmusumschlag.

: = Beginn der Kadenz.

———→ = Fortsetzung beim Pfeile oben.

Sind zwei Silben mit einer einzigen Note versehen, so ist die zweite Silbe zu verschleifen, oder sie ist zu eliminieren, wenn sie mit einem Vokal vor einem Vokal endet.

Bei den meisten Liedern wird der Schluß aus den vorangehenden

---

[138] Diese Ausgabe ist an sich nicht für den Vortrag bestimmt; es wäre aber ein schwerer Fehler, wenn der Herausgeber nicht stets und überall an die klingende Musik, also den Vortrag gedacht hätte.

Stollen oder Teilen der Stollen gebildet. In diesen Fällen ist die Melodie des Schlusses nicht nochmals notiert worden. Man beachte also die römischen Stollenziffern, bei komplizierteren Kompositionen auch die arabischen Versziffern sowie die Pfeile ——→!

Der Vortrag sei bedächtig und erfolge Vers für Vers. Man vermeide – vor allem bei den Sprüchen – einen taktmäßigen Vortrag! Bei den Sprüchen bemühe man sich, trotz der rationalen Wiedergabe, um einen freien Vortrag, der in der Kadenz gipfle; bei den Liedern um das gleichgewichtige Schweben der Modi. Was dabei der Herausgeber unter Freiheit des Vortrages versteht, sei durch ein Beispiel erläutert. Die Lektionstexte des liturgischen Gottesdienstes werden – vor allem im Lateinischen – der Theorie zufolge mit gleichen Dauerwerten für jede Silbe vorgetragen, etwa:

Das ist die rationale Ordnung. Die Wirklichkeit des Vortrages sieht aber wie folgt aus [139]):

Diese Freiheit gilt besonders für die Sprüche. Die Freiheit der modalen Musik liegt mehr in den Moduswechseln und -durchbrechungen, die z.T. rational faßbar sind, z. T. aber sicher auch vom Vortragenden sozusagen „unbewußt" angewandt wurden. Diese Bemühungen um Gestaltung des

---

[139]) Vgl. S. Corbin: La Cantillation des rituels chrétiens, in: Revue de Musicologie, 17/1961, S. 1.

Vortrages setzen natürlich die rationale Erfassung des Rhythmus voraus. Man beginne im übrigen am besten bei den Meistersingern, für die Lieder bei den romanischen Texten, um dann den geregelten Textakzent der Blütezeit als eine beglückende Zutat zu genießen.

Im übrigen gab es damals keine Bel-Canto-Stimme; eher wurde mit einer gepreßten, unnatürlichen Stimme gesungen.

Und man wisse, daß man nur Andeutungen geben kann, da man nicht mehr als Adeliger oder Spielmann vor einer mittelalterlichen Gesellschaft singt. So bemühe man sich daher mehr, die Form der Lieder zu erleben und erleben zu lassen.

Melodien und Beispiele

Zur Einführung

1. BERNART VON VENTADORN

2. CHRIST IST ERSTANDEN

3. FRAUENLOB: HUNTWYSE, Kolmar, fol. 161
MEISTER KELYN, Jena, fol. 18ᵇ

4. MEISTER POPPE, Kolmar 555ʳ, Jena 111ᶜ

142

Epische Formeln und Strophen

5. OTFRID, Heidelberg, Pal. lat. 52, 17ᵛ

6. WOLFRAM: Parz. I, 26–30. Etwa:

7. JAKOBSRUF

8. CHANSON DE GESTE

9. CHANSON A TOILE, Paris BNfr. 20050, 61

10. CHANSON A TOILE, Paris BNfr. 20050, 62

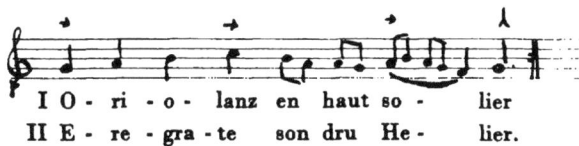

So - spi - rant prist a cer - moi - er
A - mis, trop vos font e - stoi - guier
III De moi fe - lon et lo - sen - gier.
Deus, tant par - vient sa joi - e len - te
A - ce - lui cui 'ele a ta - len - te.

11. ALBA, Vat. Reg. 1462, 50ᵛ

Phe - bi cla - ro non - dum or - co iu - ba - re,
Fert au - ro - ra lu - men ter - ris te - nu - e,
Spe - cu - la - tor pi - gris cla - mat: sur - gi - te.

℟ L'al-ba par um et mar a - tra sol

Poy pas a - bi - gil mi - ra clar te - ne - bras

12. ALSFELDER MARIENKLAGE, Kassel, Poet. 2° 18, 69ᵛ

Nu he - bet sich groß wey - nen unde schry-en im - mer me,
Nu en-weiß ich ar - me fra - we, wie eß mer nu sal er - gen

12 a

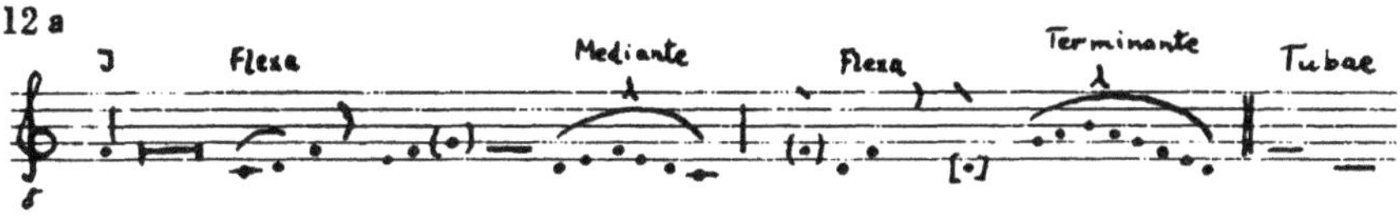
Flexa
Mediante
Flexa
Terminante
Tubae

13. JÜNGERES HILDEBRANDSLIED, Rhaw, Bicinia 1545

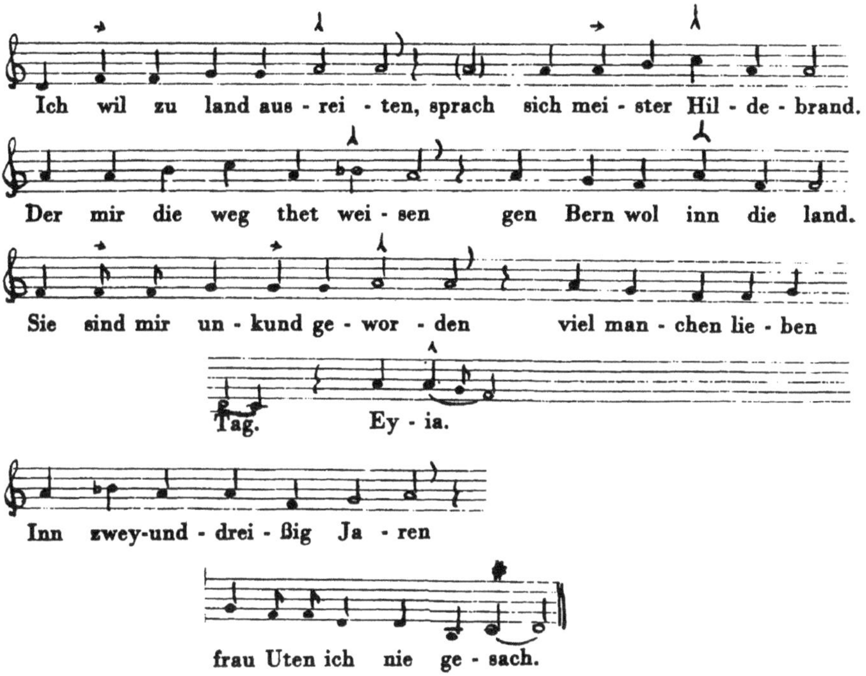
Ich wil zu land aus - rei - ten, sprach sich mei - ster Hil - de - brand.
Der mir die weg thet wei - sen gen Bern wol inn die land.
Sie sind mir un - kund ge - wor - den viel man - chen lie - ben
Tag. Ey - ia.
Inn zwey-und - drei - ßig Ja - ren
frau Uten ich nie ge - sach.

13a.

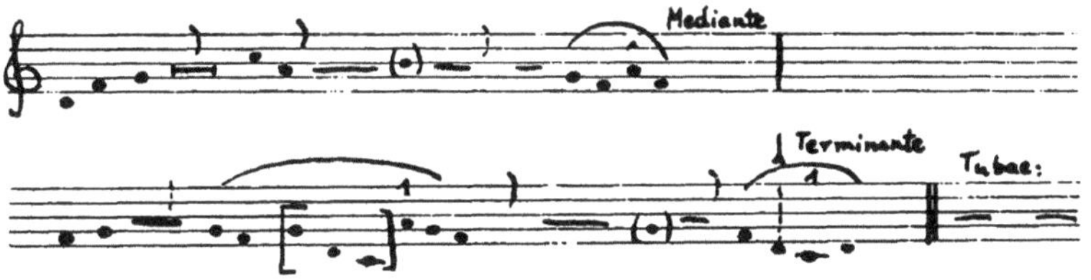
Mediante
Terminante
Tubae:

14. "HONNWEISS WOLFFRANS"

I Ma - the - us schreibt am ach - ten: Chri - stus drat in ein schiff,
II Und sei - ne jun - ger wach - ten. Chri - stus der lag und schlif.
III Das mer was un - ge - stü - me, das schif-lein es be - deckt
Mit wel - len ümb und ü - me; die jün - ger es er - schreckt.

15. KERENSTEIN Souterliedekens 1540, Ps. 36

Ich bin durch fra - wen wil - len ge - ritten in frem - den land;
Mich hat ein ed - ler rit - ter zu po - ten her - ge - sant:
Der en-pewt ewch, schö-ne fra - ue, sein vil wer - den gruß.
Nün en-pie-tet jm, was ir wel - let! von ew so hat er
fre-den ge-nug.

16. ABENDGANG. Formschneider, Carmina 1538, W. 78

Es wo - net lieb bei lie - be, dar - zu groß her - tze - leyd.

Ein ed - le her - tzo - gin - ne, ein rit - ter hoch ge - meidt,

Sie hatten ein-ander von her-tzen lieb,

Das sie vor gros-ser huo - te zu - sa - men ka - men nie.

17. WOLFRAM: TITURELMELODIE

Ja - mer ist mir ent - spru-ngen, ach mein lait ist ve - ste.

O we das hat be - twun - gen mein sen - des hercz auf

dir - re lin - den es - te.

Ho - her mut, trost, vreu - de mus sich de - cken.

Spruchmelodien

I. Anfänge; Walther von der Vogelweide

18. MARCABRU

19. BERNART DE BORN

20. SPERVOGEL, Jena, 29ª

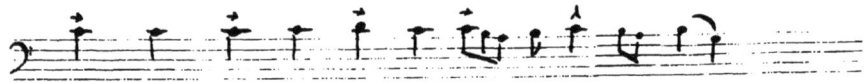

21. WALTHER: PHILIPPSTON; 18, 15 Münstersches Fragment

21a.

22. WALTHER: KÖNIG FRIEDRICHSTON; 26, 3 Münstersches Fragment

I Vil wol ge-lob-ter got, wie sel-ten ich dich pri-se!
Sît ich von dir bei-de wurt hân vn-de wî-se,
Wie ge-tar ich sô ge-fre-veln vn-der dî-me rî-se?

II Ichn tuon diu rehten werc, ichn hân die wâren minne
   Ze mînem ebenchristen, herre vater, noch ze dir:
III Sô holt enwart ich ir dekeinem nie sô mir,
   Frôn Krist vater und sun, dîn geist berihte mîne sinne .

IV Wie solt ich den ge-min-nen, der mir übe-le tuot?
Mir muoz der ie-mer lie-ber sîn, der mir ist guot.
Ver-gib mir an-ders mî-ne schul-de, ich wil noch
habent den muot.

155

22 a.

22 b.

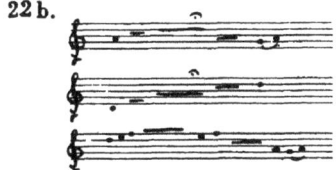

23. WALTHER: WIENER HOFTON; 20, 16. Kolmar 734

24. WALTHER: OTTENTON; 11, 6. Puschmann

157

24 a. WALTHER: OTTENTON; Nürnberg, Will. III 784.

25. WALTHER: KREUZTON = HANS SACHS: EIN TROSTPSALMEN DAVIDS 122. Puschmann

25 a. UMGESTALTET ALS MINNELIED; 76, 22.

25 b. DIE GLEICHE WEISE, UMGESTALTET ALS MELODIE ZUM 2. THÜRINGER TOR; 104, 7.

I 1 Mir hât hêr Gêr - hart Atze ein pfert
II 5 Ez was wol drî - er mar - ke wert.
V 13 Ge - bis - sen hât ze schan - den.

2 Er - schoz - zen z'I - se - na - che;
6 Nu hoe - rent fröm - de sa - che,
14 Ich swer mit bei - den han - den,

3 Das kla - ge ich dem, den er be - stât:
7 Sît daz ez an ein gel - ten gât,
15 Daz si sich niht er - kan - den.

4 Derst un - ser bei - der vo - get.
8 Wâ mit er mich nû zo - get:
16 Ist ie - man der mir sta - be?

III 9 Er seit von gro - zer swae - re,
IV 11 Dem ros - se sip - pe wae - re,

10 Wie daz mîn pfe - rit mae - re
12 Daz im den vin - ger a - be

26. WALTHER: GOLDNE WEISE. Kolmar 736

I 1 Die tri - ni - tat ge - dry - et,
II 4 Hilff mir, daz ich ge - fry - et
IV 8 Und durch die mu - ter di - ne,

2 Got vat - ter, son mit gei - ste,
5 Werd in di - ner vol - lei - ste,
9 Der wer - den hym - mel blü - te,

26 a. ANGEPASST AN EIN LIED MIT UNGEKLÄRTER VERFASSERSCHAFT

26 b. ANGEPASST AN WALTHERS TAGELIED, 88, 9.

27. WALTHER: LANGER TON
HANS SACHS: EPISTEL AUFF DEN PFINGSTTAG, Puschmann

163

27 a. ANGEPASST AN WALTHERS REICHSTON; 8, 4.

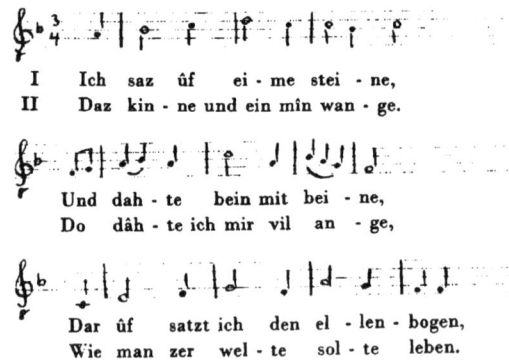

Spruchmelodien

II. 13./14. Jahrhundert

28. BRUDER WERNER, Jena 7ᵈ

29. BRUDER WERNER, Jena 12c

168

169

30. BRUDER WERNER, Jena 9ᵇ

I 1 Nu scou - wet an den su - mer gŭt,
II 6 Des sol der werc - man gee - ret sin

2 Wie er al der werl - de vreu - de git.
7 der al - so bil - de scef - fen kan,

3 Der rey - nen wurtz ir su - zes krut,
8 Daz rey - ne wib, ir lie - bez kynt,

4 Heyde un - de walt ge - tzie - ret lit.
9 dar - tzŭ den wol - ge - mŭ - ten man

5 Die vog - lin ho - hent i - ren sanc,
10 Un - de ouch des liech - ten mey - en blic,

der hy - mel hat ge - rey - net sich.
wie su - ze er nu dun - ket mich,

III 11 So er in der be - sten wir - de lit.

12 Da - nach so kumpt ein ri - fe myt ge - tvan - ge.
14 Unde schei - dent sich die voge - lin von ge - san - ge.

31. ZILIES VON SEYNE, Jena 21ᵃ

171

e man sin wart ge - war.
also er was kop - fer - var.

III Daz be - tzei - chent ey - nen scho - nen man,

u - zen unde yn - nen nicht,

Vul un - de valsch unde un - ge - tru - we.

mani - ger mir des gicht,

Daz wir vil scho - ner bo - ser liu - te han by un - sen tagen.

Ge - wun - nen[1]) wir der gu - ten bider - ben man,

helft al - le mir daz klagen.

32. HERMAN DAMEN, Jena 119b

I In dir - re wi - se ich sin - gen wil
II Syn ri - che daz hat vreu - den vil,

Eyn lob dem hoe - sten her - ren,
Des sû - le wir in e - ren.

172

33. WIZLAW, Jena 73ᵃ

I Men - schen - kint, den - ket da - ran,
II Iz ist in der werlt wol schin,
→ V Wen - ne ir den gheyst uph gheben

Ob ich uch ghe - ra - ten kan.
daz kint truwet nicht dem va - ter sin
und nicht be - hal - den mughen den leben,

Iz ist in der werlt wol schin, daz en - des
Noch va - ter si - me kin - de nicht; daz habe wir
Daz ir den - ne key - ne not li - den; daz

tac wil komen.
wol vor - nomen.
mach uch vromen

III Nu tot al - so, daz ir sith vro,
IV Daz ir tzur stunt nicht sith ghe - wunt

ob ich iz uch vur - he - le,
ghar an u - wer se - le, →

34. DER MEISSNER, Jena 95ᵈ

35. DER MEISSNER, Jena 87ᵇ

I   Got ist ge - wal - tich,
II Obe ym ist kei - ner,
IV Der al - ler wun - der

Ma - nich - val - tich
Her ist ey - ner,
Oben und un - der

Sint sy - ne werc, syn na - me ist ge - dry - et.
Der al - len cre - a - tiu - ren lien vůr - li - et.
Mit sy - ner kraft al ey - ne mac be - twin - gen,

Her ist der er - ste un - de ouch der le - ste; got,
Her ist al - mech - tich wer vůr - mac daz er vůr - mac?
Der si ge - mant unde helf uns dar, da wir sin lob

sin le - ben ist an en - de.
uns mach - ten sy - ne hen - de.
myt al - len en - geln syn - gen.

III Her mey - stert al - lez, daz da lebet.

Her ne vruch - tet kuninc noch key - ser nicht, in vruch -

ten al - le schef - fe - nun - ge.

176

Swaz swem - met ode in luf - ten swebet,

Swaz ie ge - wart, daz lobet de mey - de kynt un - de die go - tes bar - mun - ge.

36. DER MEISSNER, Jena 83ᵃ

I Ma - ri - a, mu - ter, meit und kri - stes am - me,
II Du tu - gende vaz, bist wol eyn hy - mel - por - te.
V Ez quam da - von, her wol - te in ir ra - sten,

Ge - born da - her von kuninc da - vi - tes stam - me,
Dyns kyn - des va - ter schůf mit ey - nem wor - te,
Durch uns liez er sich gri - fen un - de ta - sten

Du go - tes se - del, tem - pel der dry - val - dic - keit,
Daz du den trů - ge, der da hymel unde er - den treit.
Her wart uns glich. wol uns des, daz daz sol - te schen.

III E daz go - tes sun men - sche wůr - de,
IV Von vlei - sche vleisch ane sun - den bůr - de,

178

Tûnt bey-de sanfte in den ou-gen.
Ves-tu dy-nen die-ner tou-gen.

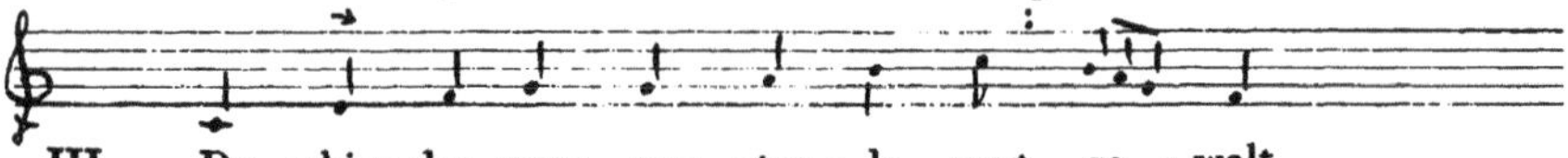

III Du schiuz der myn-nen stra-le myt ge-walt
     Du wun-des un-de hey-les wider sich myn-

durch wi-bes ougen in man-nes her-tze
ne, daz ist eyn tru-te²) ...

38. RUMELANT, Jena 56ᵉ

I   Al-ler gû-te vûl-ler vlû-te
II Syn geist vliu-zet, des ge-nyu-zet,
→ V Sun-der, wil tu gna-de sû-chen,

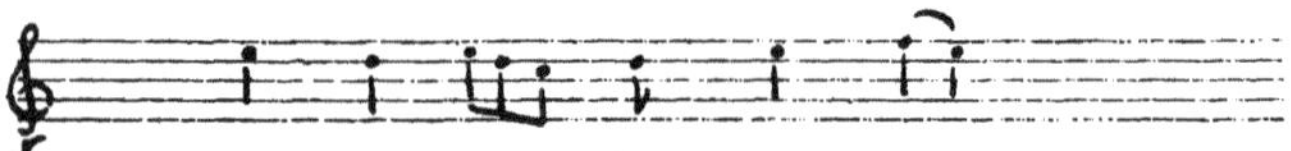

Vloz in gna-den-stra-men
Swer des kan ge-ra-men,
Du bist un-ge-vey-get;

Kumpt ge-vloz-zen her uz go-tes
Daz er sun-den-ru-wich sy; der
Dy-nes her-tzen ougen-vlut myt

her-tzen griez orsprun-ge.
schrye an gotes barmun-ge;
ru-we trost of rey-get.

39. DER UNVERZAGTE, Jena 40ᵈ

40. DER WILDE ALEXANDER, Jena 22.

I Eyn wun - der in der werl - de vert,
II Wan es hat der sy - re - nen sanc,

Daz sich al - len tugen - den wert.
Pha - wen varwe, und ha - sen wanc,

Vals - lich leben ist sin ge - lust,
Scha - fes houbet und vox - ses brust.

III Un - sel - de wirt ym nym - mer buz,
IV Von sy - me kran - ken her - tzen gat

Sin wolp - lich lib hat hen - nen vuz,
Ein ur - sprinc al - ler mis - se tat,

Syn ke - mels rucke hat na - teren tzagel.
Un - tru - wen regen der e - ren hagel.

40a.

41. WIZLAW, Jena 77ᵃ

Spruchmelodien
III. Spätzeit

42. FRAUENLOB/RUMSLANT, Kolmar 776

I Man fra - get hoch, wo got be - hu - set we - re,
II Ich weyss nit, wo er was, der wun - de - re - re;

Ee hym - mel o - der er - de wart,
Der bu - cher bin ich un - ge - lart

Luft, was - ser, fuw - er, wint?
Als we - nig alz ein kint.

III Wist ich wie hoch, wist ich wie tieff,

Wist ich wie wyt, wist ich wie breyt?

Der syn - ne bin ich gar ein gieff

Zu red in die got - heit.

Ee was ein got ge - we - sen fry,

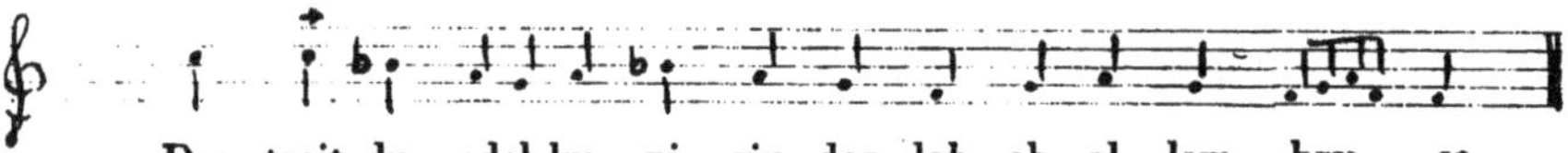

Des treit du, edel ku-ni-gin, daz lob ob al-lem bry-se.

44. REGENBOGEN: LANGER TON, Kolmar 333

I Solt ich mit ho-hen fur-sten geu-den,
II Got in ge-walt in e-wig freu-den

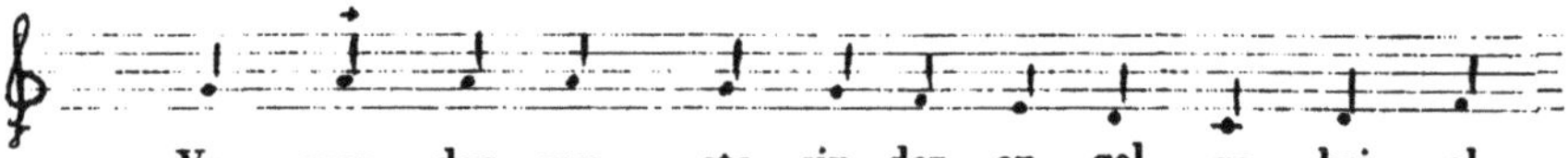

Vor-war, daz mu-ste sin der en-gel ga-bri-el,
Gab da, dem dien-ten sie fru un-de spat so snel,

Mi-cha-hel, ra-pha-el der wyss,
Sie wa-ren in dem pa-ra-dys

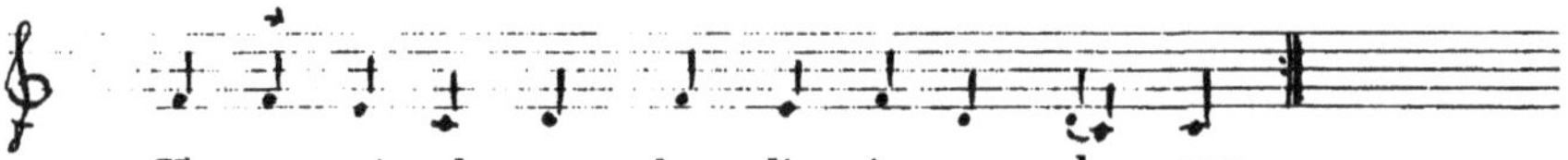

Her o-ri-el: mer-ckent die vier gar scho-ne;
Da so-ci-i, ge-sel-len in dem tro-ne.

III A-do-na-y, got a-gy-os,
IV Da-ru-ber schri-bet uns die gloss,

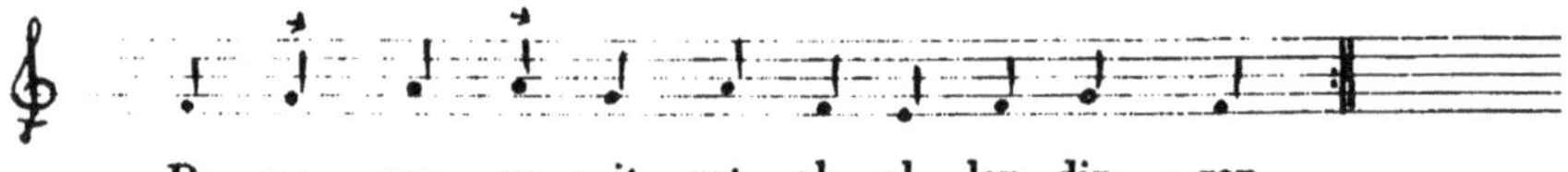

De-us me-us, mit got ob al-len din-gen,
E-ma-nu-el na-the-us, ich wil sin-gen.

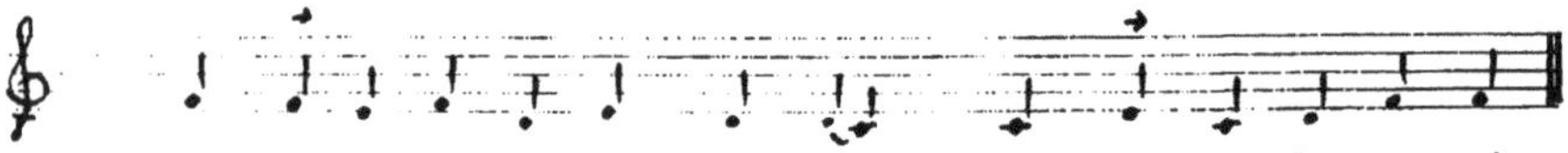

V Das al-le-lu-ia spri-chet: lob, Sa-both, sy dir ge-seit.

45. NESTLER, Kolmar 492ʳ

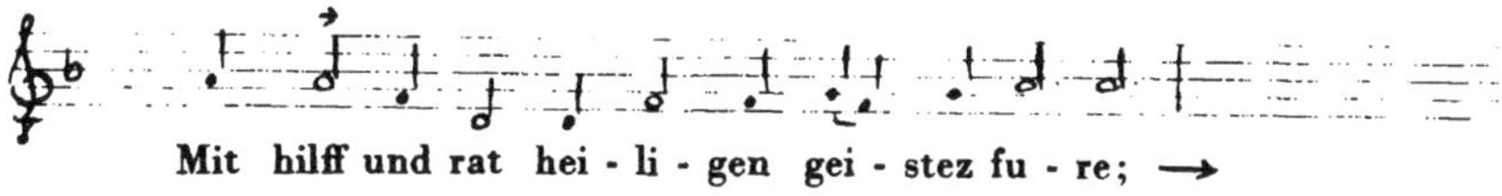

189

Mit hilff und rat hei-li-gen gei-stez fu-re;→

46. Spörlsche Hs 267ʳ

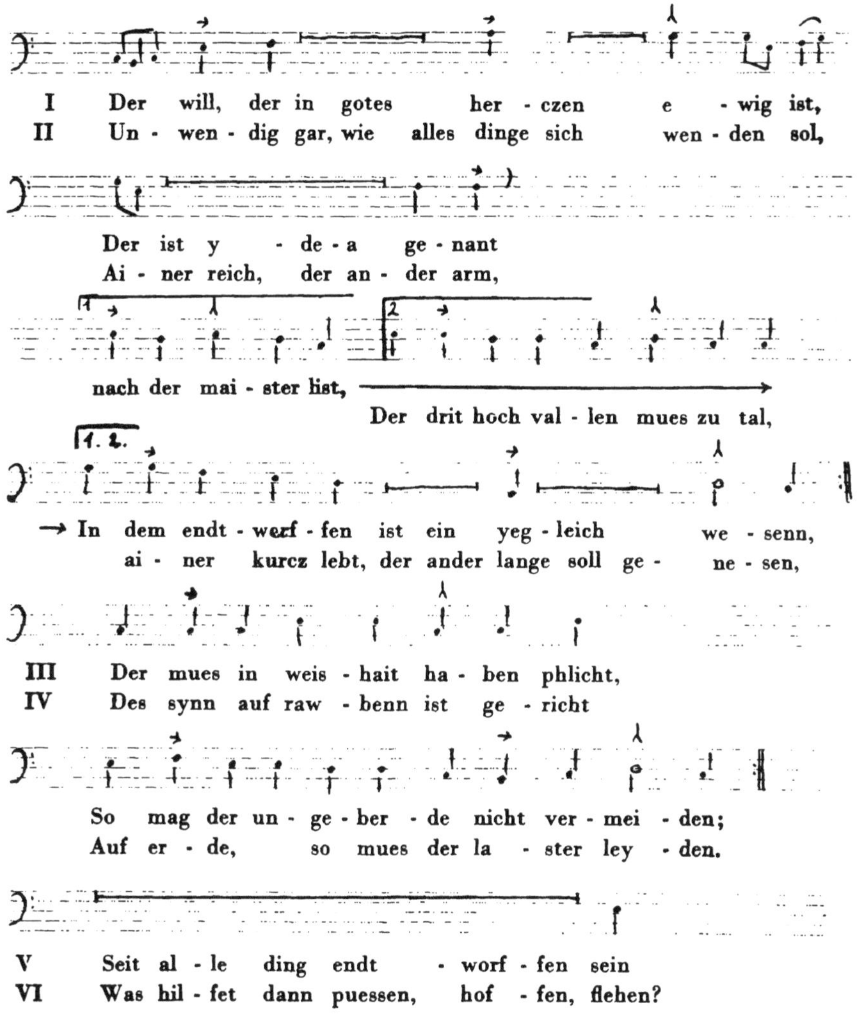

I   Der will, der in gotes her-czen e-wig ist,
II   Un-wen-dig gar, wie alles dinge sich wen-den sol,

     Der ist y-de-a ge-nant
     Ai-ner reich, der an-der arm,

nach der mai-ster list,——
                         Der drit hoch val-len mues zu tal,

→ In dem endt-werf-fen ist ein yeg-leich we-senn,
  ai-ner kurcz lebt, der ander lange soll ge-ne-sen,

III Der mues in weis-hait ha-ben phlicht,
IV   Des synn auf raw-benn ist ge-richt

     So mag der un-ge-ber-de nicht ver-mei-den;
     Auf er-de, so mues der la-ster ley-den.

V   Seit al-le ding endt-worf-fen sein
VI   Was hil-fet dann puessen, hof-fen, flehen?

47. OSWALD VON WOLKENSTEIN

192

Da - sel - ben plaib ich in der e,
Das mir der klai - nen kind - lin schal

Mein el - lend da zu me - ren
Mein o - ren dick be - dran - gen

Vast un - ge - ren.
Hat durch-gan - gen.

48. OSWALD VON WOLKENSTEIN

I   Sen - lich we mit lan - ger zeit und weil - ver - treib
II Trau - ren mich be - sleus - set genz - lich ü - ber - al,

Schaft mir ein min - nic - li - ches weib,
Und me - ret sich mein gros - ser qual,

Wenn ich er - wach und vind ir nicht,
Wenn mir an mei - nem arm ge - pricht

Die mein ge - wal - tig ist.
Ain schatz an ar - gen list.

III   Hüg - lich, tüg - lich, rüg - lich

Wär ich si-cher gail,

Wurd mir die lieb noch ainst zu tail.

48a.

Trau-ren mich be-sleus-set genz-lich ü-ber-al

Lieder
I. Frühzeit. Walther von der Vogelweide

49. PRAECONIUM PASCHALE

50. CANTIO

Aus - cul - tet, ex - ul - tet fi - de - lis con - ti - o
Can - ti - ca ritmi - ca fi - de - lis gau - di - o.

51. CANTIO

De ra - mis ca - dunt fo - li - a,
Nam vi - ror to - tus per - i - it.
Iam ca - lor li - quit om - ni - a
et ab - i - it,
Nam sig - na coe - li ul - ti - ma
sol pe - ti - it.

52. BERNART DE VENTADORN

La dou - sa votz ai au - zi - da

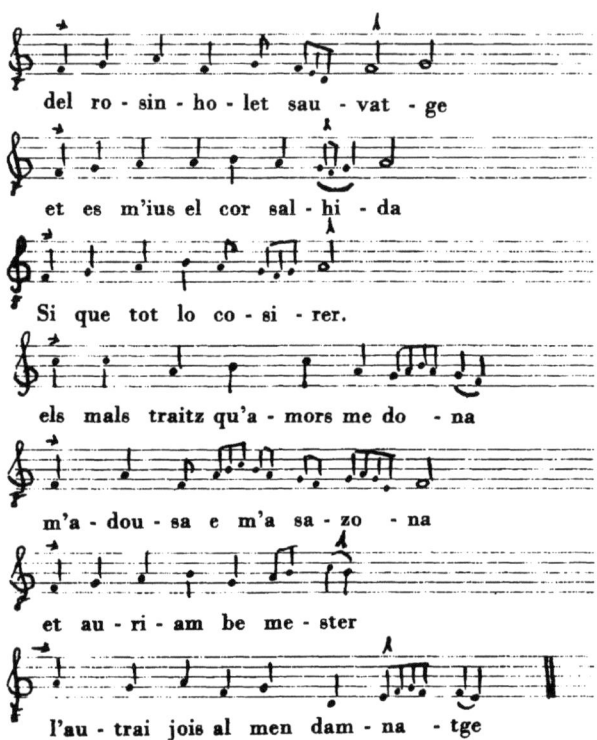

53. JAUFRE RUDEL

Lan - quan li jorn son lonc en may,
E quan mi suy par - titz de lay
mes belhs dous chans d'au - zehls de lonh,
re - mem - bram d'un a - mor de lonh.
Vau de ta - lan em - broncx e clis,

54. BERNART DE VENTADORN
DIETMAR V. EIST/REINMAR; MF 35,16.

198

55. BERNART DE VENTADORN
FRIEDRICH VON HAUSEN, MF. 48, 32.

56. GONTIER DE SOIGNIES
FRIEDRICH VON HAUSEN, MF. 48, 3

I Se li oi - siel bais - sent lor chans
II E je sui las, mas et pen - sans
  Mîn her - ze den ge - lou - ben hât,
  Durch liebe od durch der min - nen rât,

Por la froi - dour qui lor def - fent,
Por ce - li dont au cuer me sent,
Solt ie - mer man be - li - ben sîn
Sô waere ich noch al - umbe den Rîn;

III Ju - ers est boins a tos a - mans,
  Wan daz mir schei - den nâ - he gât,

Car mains en vont en - tre la gent,
Daz ich von lie - ben friun - den mîn

Si sont les nuits lon - ghes et grans,
Hân ge - tân. swiez drumb er - gât,

Si i loist pen - ser plus sou - vent.
Hêrre got, ûf die ge - nâ - de dîn,

Do - ce da - me, pour Dieu mer - chi,
Sô wil ich dir be - vel - hen die,

Ai - és pi - tié de vostre a - mi!
Die ich durch dî - nen wil - len lie.

57. GACE BRULE
BLIGGER VON STEINACH, MF. 118, 19

I. Tant m'a me - né for - ce de seig - no - ra - ge
II. Que je ne puis plus ce - ler mon co - ra - ge,
Er fün - de guo - ten kouf an mî - nen jâ - ren,
Wan si mir lei - der ie un - nü - tze wâ - ren.

Et une a - mours qui au cuer me des - cent,
Si chan - te - rai, s'i - re nel me des - fent;
Der â - ne vroi - de wol - te wer - den alt.
Umb ei - nez daz waere alse ein trôst ge - stalt.

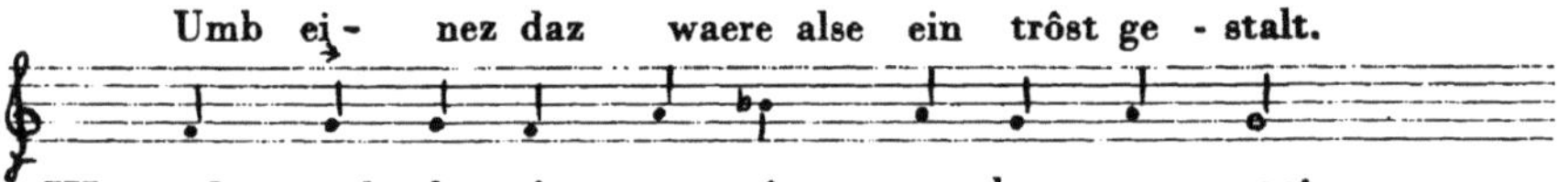

III Que cel - le m'a gre - vé trop lon - gue - ment
Gaeb ich ir driu; sô vörhte ich den ge - walt.

Qui de mon cuer ne prist on - ques hos - ta - ge
Des gêt mir nôt. wie sol ein man ge - bâ - ren,

Puis qu'e - le l'ot a son con - man - de - ment.
Der â - ne reht ie sî - ner staete en - galt?

58. CHRETIEN DE TROYES
BERNGER VON HORHEIM, MF, 112, 1.

On - ques del be vra - ge ne bui,
Mes plus me fait a - mer que lui
Nu en - weiz ich doch des tran - kes nie,
Noch her - zec - lî - cher minne ich sie

59. BLONDEL DE NESLE
ULRICH VON GUTENBURG, MF, 77, 36.

De joie a-voir, maiz pas ne m'en se mont
Pour cui je chant, ne ne sa-vroi-e dont.
Mich dûh-te der su-mer wol-te en stân.
Wan mir ei-nen mich en-trie-ge mîn wân.

Et non pour-quant, se le mal ne des-pont,
Swie mîn frou-we wil, sô solz mir er-gân

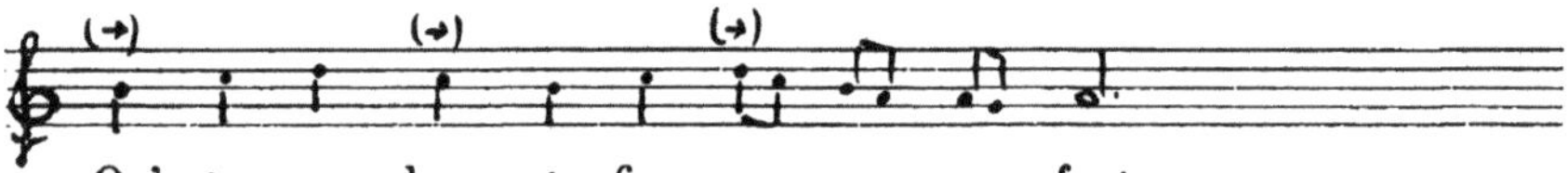

Qu'entre ma dame et fine a-mour me font,
Der ich bin zal-len zî-ten un-der-tân

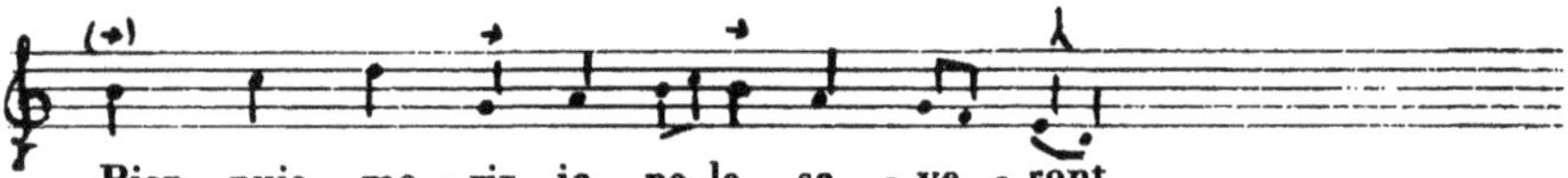

Bien puis mo-rir, ja ne le sa-ve-ront
Ich wân-de ie-man sô hete mis-se-tân,

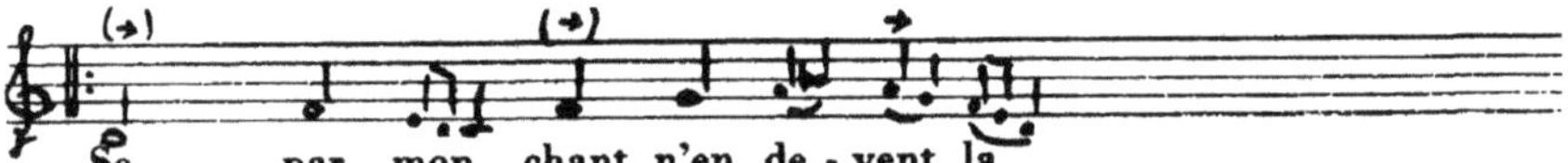

Se par mon chant n'en de-vent la
Ou par mon vis, dont la cou-leur
Souchte er ge-nâ-de, er sol-te
Daz muoz lei-der an mir ei-nen

des-tre-ce
de font
si vin-den:
zer gân.

GACE BRULÉ
RUDOLF VON NEUENBURG, MF. 80, 25.

I De bone a-mour et de le-aul a-mi-e
II Si que ja-mais a nul jor de ma vi-e
Min-ne ge-bui-tet, mir, daz ich sin-ge,
Nu hân ich von ir we-der trôst noch ge-din-ge,

61. GACE BRULÉ
BERNGER VON HORHEIM, MF. 115, 27.

62. WALTHER; 14, 38. Münstersches Fragment

Nu alr - êst lebe ich mir wer - de,
Hie das lant und ouch die er - de,

Sît mîn sun - dic ou - ge siht
Der man vil der ê - ren giht.

Mirst ge - schehen, des ich ie bat:

Ich bin ko - men an die stat,

Da got men - nisch-lî-chen trat.

Lieder
II. 13.—14. Jahrhundert. Wizlaw

63. DER WILDE ALEXANDER, Jena 24ᵈ

64. DER WILDE ALEXANDER, Jena 25ᵇ

65. WIZLAW, Jena 77c

66. WIZLAW, Jena 78d

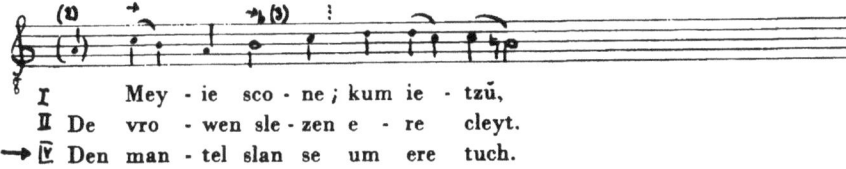

67. WIZLAW, Jena 79ª

68. WIZLAW, Jena 79ᶜ

Wol dan, her meyie, ich ghebe uch des de hul - de,
Ir smit, ir cleyt, ir lip daz lach in dul - de.

Min vro - we tret da - her in stol - zer we - te.
De kal - de sne und is, der wint daz te - te.

Unt - slo - zen sint de scrin,

Min vro - we machet sich phin,

Se trat hin dan,

Als ob se spre - che: seth mich an,

Ir meghe - de, wip und man.

69. WIZLAW, Jena 79ᵈ

  I   De vo - ghe - lin
  II Der an - gher lyt
→ IV Waz meyie unt - luct,

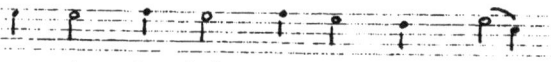

unt - phat des lech - ten mey - ien scin.
blo - men ghel, rot un - de wyt,
ri - lich daz de sunne uph - tzuckt.

Mit irn sű - zen do - nen phin
Mani - gher han - de var - we syt
Wol ym, wer bi liebe unt - nuct,

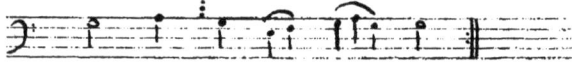

Sint se wol ir - ken - net.
Loyp sint uz - ghe - ren - net.
Der mac vro be - li - ven.

III Vol - ko - men ghut lyt der ang - her unde ir blut,

Daz iz den ou - ghen senf - te tut,

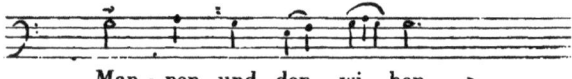

Man - nen und den wi - ben. →

70. WIZLAW, Jena 80ᵇ

Lieder
III. Ausklang

71. HUGO VON MONTFORT, Heidelberg, P. germ. 329, 13ᵇ

18 Do waren wir nach ver-sun-ken;
19 Wär nicht der e-del ihe-sus crist,
20 Wir we-rint all er-trun-ken.

72. HUGO VON MONTFORT Heidelberg, P. germ. 329, 35ᵃ

A I Fro welt, ir sint gar hüpsch und schön,
  II Gar lie-bi wort unt süss ge-dön,
    Und e-wer lon für nich-te.
    Als ierr da ist kain schlich-te.
  III Wer sich mit dir be-küm-bern tut,
    Der ist zwar in ain ier-gang komen.
    Und geit am jüng-sten bö-sen mut,
    Das han ich si-cher wol ver-nomen.
B I Lie-ber ge-sell, wes zeichst du mich?
  II Lass vo-gel-li sor-gen und gang zů mir

73. OSWALD VON WOLKENSTEIN

74. OSWALD VON WOLKENSTEIN

75. OSWALD VON WOLKENSTEIN

76. OSWALD VON WOLKENSTEIN

77. OSWALD VON WOLKENSTEIN

217

Drat, frue und spat hört man drin-gen, sin-gen, klin-gen, vog-lin in den au-en.
Preit an-ger-weid sol man grüen-lich, küen-lich, süen-lich, kurz-lich a-ne-schau-en.

III Win-der kalt, un-ge-stalt, dein ge-walt, ist ge-spalt von den sues-sen lüf-ten.
IV Grüe-ner kle jagt den sne jar-lang me in den se wil-der me-res-flüe-te.

Liech-ten sum-mer a-ne kum-mer wil ich tum-mer als ein frum-mer geu-den un-de güf-ten.
Nach-ti-gal-le, dro-schel-schal-le, ler-chen-hal-le uns ge-val-le für des o-fens güe-te.

78. Spörlsche Hs, 248ᵇ

1 Ich het czu hannt ge-lo-cket mir
2 Das hat ver-lo-ren all sein gir
4 Das tet ich nicht und lies durch guet,
6 Gar ü-bel ich im des gan:

ain fal - cken wai - den - lei - chen,
und tut sich von mir strei - chen.
da-rumb han ichs ver - lo - ren.
es kund wol wen - den smer - czen.

3 Hiet ichs ge - paist nach mei - nem muet,
R 5 Es ist mir wor - den un - ge - tzäm,

es wär als willd nye wor - den.
das tut mir we in her - czen.

79. Spörlsche Hs, 246ᵇ

I Der herbst mit sües - sen trau - ben mir mein hau - ben
ma - chet strau - ben, so ich klau - ben wirt als ein tau - ben,
Mir czu ai - nem kroph mani - gen throph aus dem koph,
mei - nen schoph ma - chet wai - ben als ain toph.
Söleich saft hat kraft und schaft, das haft mein czung, daz sy nicht klaft.

II Ain weil pin ich sang - wi - ne - us und secz mein
III Dann fray - dig ain co - le - ri - cus, ich schilt und

Besondere Liedarten

80. GRAF PETER VON ARBERG, Straßburg

I O star - ker got, al un - ser not
II Die na - men dry, die won uns by

Be - veln ich, her, in dyn ge - bot:
In al - len no - ten, wo wyr syn,

laz uns den dag mit gna - den u - ber - schy - nen.
Des cruc - zes kreyss ste uns vor al - le py - nen.

III Daz swert, da sy - me - on von sprach,
IV Daz ste mir hud in my - ner hant

Daz ma - rien durch yr rey - nes her - cze stach,
Zu schir - men vor heubt - haf - tiger sun - den bant

Da sie an - sach, daz cri - stus stunt ver - se - ret,
Gar un - ge - schant myn lyp sy, war er ke - ret.

V O wer - de wön - schel - ger - te

Des stam - mes von yes - se,

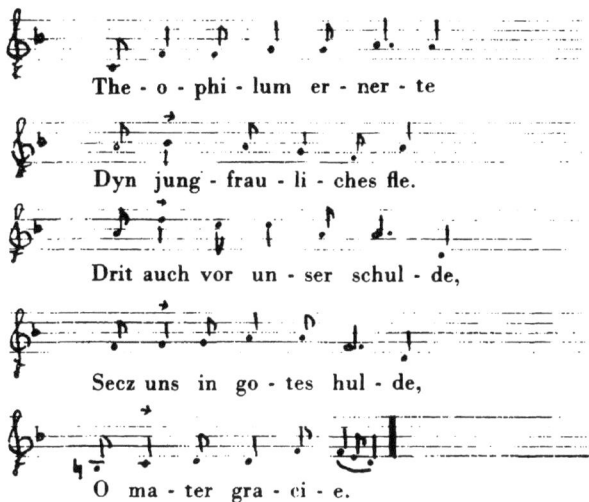

81. PETER VON SASSEN, Kolmar 38

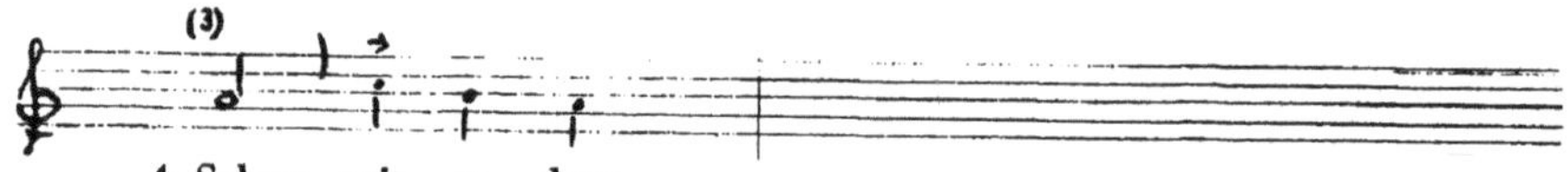

4 Schon mit ge - don;
9 Fry, sel - den zwy;
17 Breit und be - cleit

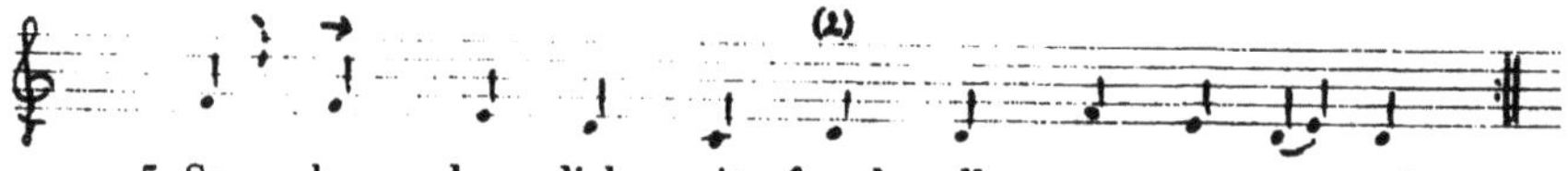

5 So lo - ben dich mit freude all got - tes en - gel.
10 Ge - knop - fet schon uss ri - cher blu - te sten - gel.
18 Ist dyn lop by got e - wig und ym - mer.

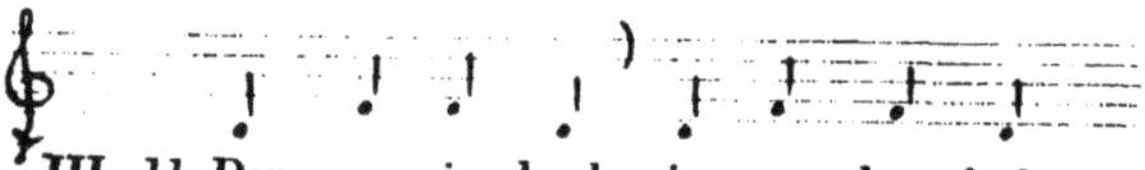

III 11 Der suss ein bach, ein um - be - fach,

12 Ein o - be - dach, gott - lichs ge - mach,

13 Der got - heit ü - ber - zym - mer,

14 Du gotz ex - em - pel, tem - pel, →

82. DER MONCH VON SALZBURG, Kolmar 644^r

Her got al - mech - tig, dry per - son,
Her son, in si - ner ma - ie - stat,

Ein got, dry na - men fron,
Durch di - nen wy - sen rat

Noch wart nie cre-a-tur nach dir
Ge-bil-det zar-ter got als wir.

83. DER MONCH VON SALZBURG, Kolmar 646

I Kum senf-ter trost, hei-li-ger geist,
II Gib uns in ly-den di-nen rat,

Syt du der ar-men va-ter heist,
Gib gu-ti-keit vor u-bel-tat,

Die sy-ben gab an uns vol-leist,
Gib kunst, die sich nit lei-chen lat,

Die du uns sprü-che-li-chen seist:
Gib sterck, die sun-den wy-der-stat,

Gib got-lich wys-heit al-ler-meist,
Gib got-lich vorcht früch un-de spat;

Gib recht ver-stent-nyss als du weist,
Und wer die sy-ben gab nit hat,

Besondere Liedarten
II. Melismatische Lieder

84. GUIOT DE PROVINS
FRIEDRICH VON HAUSEN, MF 51,33

Ma joi-e pre-me-rai-ne
Ich den-ke un-der wî len,

M'est tor-neie en pe-san-ce,
Ob ich ir nâ-her wae-re,

Las, je ne sai por coi
Was ich ir wol-te sagen.

Mais en-si me de-mai-ne
Daz kür-zet mir die mî-len,

La foi et l'e-spe-ran-ce
Swenn ich ir mî-ne swae-re

K'a-mors a mis en moi,
Sô mit ge-dan-ken klage.

Se je par bo-ne foi
Mich se-hent mani-ge tage.

Doi a- voir pe- ni- tan- ce,
Die liute in der ge- bae- re,

De moi ne sai nul roi,
Als ich nicht sor- gen habe,

Fors que ma mort i voi.
Wan ichs al- sô ver- trage.

84 a. WALTHER VON DER VOGELWEIDE, 53, 25; Kremsmünster 127 VII 18.

Vil wun - der - vol ge - ma - chet wîp,
Daz mir noch were ir ha - be - danc!

85. DER WILDE ALEXANDER, Jena 24ᶜ

Si - on trû - re:
Dar - nach wey - ne

Din bûrch - mû - re hat von schû - re
Dem ort - stey -ne, der al - ley -ne

228

Und von win - de mani -gen stoz.
Dy - ne wende tzû - sam - ne sloz.

Der¹) wint nam abe mit tzan - gen
Der kuninc ist of - ge - gan - gen

Sy - nen kloben. nu la toben
Unde syn her an die wer.

Daz volk, la die wach - ter sla - fen:
O we wa - fen, y - mer wa - fen! ...

86. Berlin, Germ. 4° 981

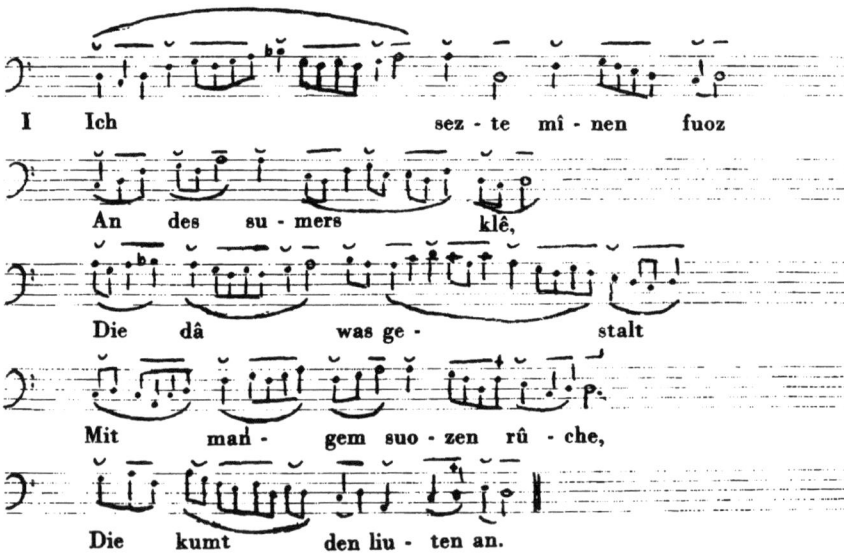

I Ich sez - te mî - nen fuoz

An des su - mers klê,

Die dâ was ge - stalt

Mit man - gem suo - zen rû - che,

Die kumt den liu - ten an.

87. HUGO VON MONTFORT, Heidelberg P. germ. 329, 10ᶜ

Besondere Liedarten
III. Tage- und Wächterlieder

88. WIZLAW, Jena 77ª

89. HUGO VON MONTFORT, Heidelberg P. germ. 329, 11ᵇ

90. HUGO VON MONTFORT, Heidelberg P. germ. 329, 11ᵈ

Mich straft ain wach - ter des mor - gens fru.
Wach - ter, des wil ich vol - gen dir.

Er sprach, wenn wilt du ha - ben ruw,
Der lied ge - ticht ich nie - mer mir,

Din sin - gen a - be - lan,
Des solt du si - cher sin,

Lie - der tich - ten tu nit mer,
Suss müss ich lo - ben sel - ge weib,

Das rat ich dir by mi - ner er,

Da - von man tan - tzen tut.

Die sind der welt doch laid ver - treib,

Ach gott wie lieb und zart.

Ich wolt, wer fro - wen ü - bel sprech,

Das man in durch die zungen stech,
Das laster müsst er han.

91. PETER VON RICHENBACH (?), Kolmar 60

I
I Ey   froner wechter, wecke:
II Wo   sie sint, tu sie wichen,

Uß slaf-fes twalm zwey lieb her-schrecke
Ver-stör der sunden lauff snel-lichen;

Ee dann daz sie en-blecke
Vil bal-de dan-nen sli-chen

Des ta-ges schin, fin
Uß ke-me-not, trot,

Der si-cher-lich tut of-fen-bar, so clar
Heiß sie, ee dann des ta-ges clast sin last

Mit rech-te al-le ding be-luch-tet.
Kum, des wet-ter goß swer-lich fuch-tet.

235

92. DER MÖNCH VON SALZBURG, Kolmar 658ᵛ

I Die nacht wirt schier des hym-mels gast,
II Er lucht dort her, der Lu-ci-fer,

Des ta-ges glast wil ir ge-wal-tig sin.
Gar sel-den-ber mit si-nem cla-ren schin.

Er kumpt mit gro-ßem ü-ber-last,
Ffluch vin-ster nacht! dir wirt zu swer

Sin schin zer-trent daz fir-ma-ment,
Die mor-gen-röt, die dich be-nöt,

Bis man in pre-chen sicht.
Daz schey-den dir ge-schicht.

III Der hym-mel sich ge-stel-let hat
IV Da-rumb bit ich die got-lich craft

Von grau-em cleid in wys-se wat,
Und all hym-li-che vat-ter-schaft,

Die sus-sen wind, der ha-nen crat
Daz ich mit sel-den sy be-hafft

93. OSWALD VON WOLKENSTEIN

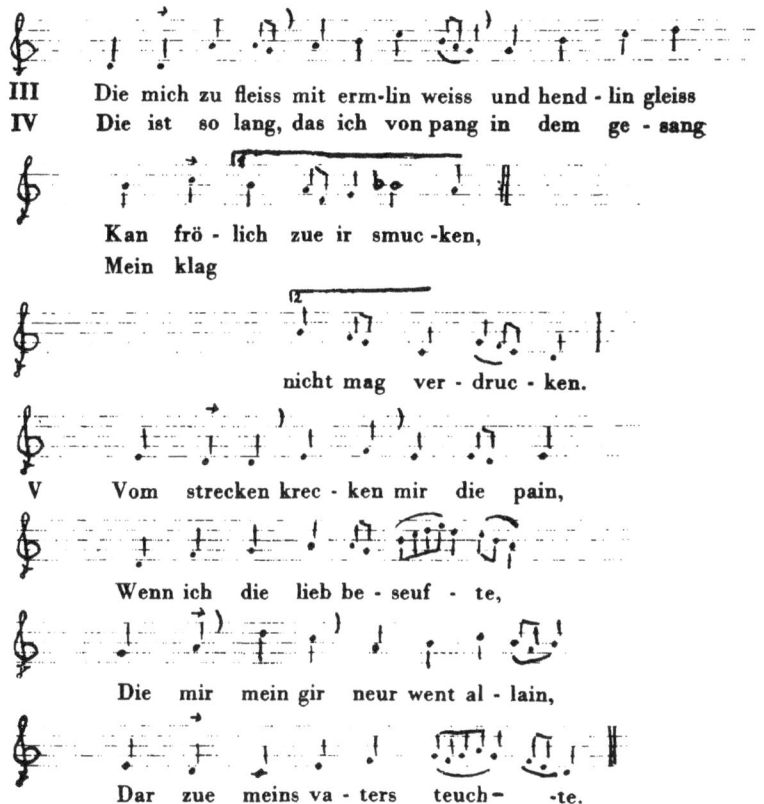

94. OSWALD VON WOLKENSTEIN

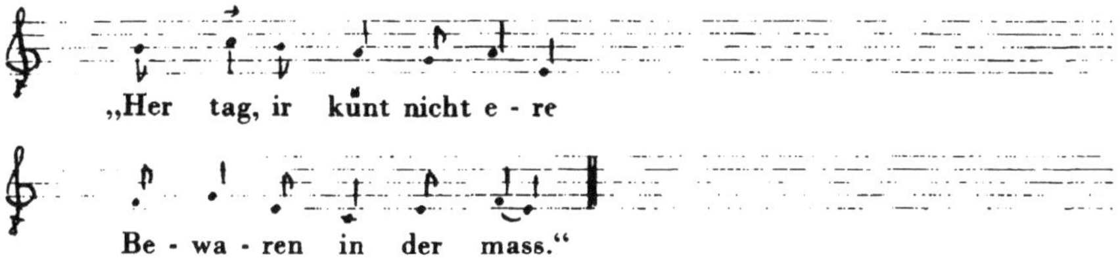

„Her tag, ir künt nicht e - re
Be - wa - ren in der mass."

95. OSWALD VON WOLKENSTEIN

I Des hi - mels tro - ne
II Die vog - lin scho - ne

Em - pfär - bet sich
Er - wec - ken mich

Durch   tags ge - drank,
Mit   sue - ssem klank.

III Ver - swun - den ist der sne; laub, gras, kle
IV Des wil ich von her - zen an smer - zen

Wun - nik -   lich ent - sprin - gen.
Mei - ner   frau - en sin - gen.

V Die mir kan wen - den all mein sen - den, trau - ren plen - den
VI Wenn ich ge - denk in ir ge - len - ke sun - der wen - ke

242

95a.

Tanzlieder

96. WIZLAW, Jena 78ᵃ

I Wol uph ir stolzen helde,
II De boyme sint ghecleydit,
→ IV Der mey hat uns gheghe ben

Nu komet vor mit melde
Den voghelin bereydit.
Mit ym diz vrolich leben.

Drate uph dem velde.
Vil manighen tzuich se breydit.
In eren mûz wir streben

Nu rughet wer uch scelde,
Se enrughet, wer se veydit.
unde in vroyden sweben.

Sint de tzit ist wunninglich.
Diz ghit in der meyie rich.
Wer daz tû, der habe danc.

III Nu tretet uph den angher unde donet

Mit den voghelin uweren nuwen sûzen sanc.

244

Mit - ten mey - ien durch de vo - ghe - lin sco - nit

U-wern lip durch rey - ne wer - de sü - ze wip.

96 a.

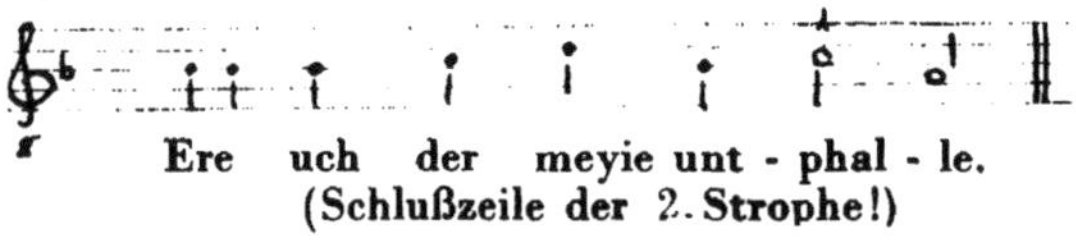

Ere uch der meyie unt - phal - le.
(Schlußzeile der 2. Strophe!)

97. NEIDHART: Ein ray. Bg. 2° 779, 153ᵛ

Ine ge - sach die hei - de

Nie baz ge - stalt,

In lieh - ter ou - gen - wei - de

Den grüe - nen walt:

Bî den bei - den kie - se wir den mei - en.

Ir mägde, ir sult iuch zwei - en,

Gein dir - re lieh - ten su - mer - zît

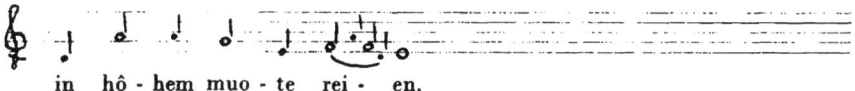

98. NEIDHART: DER TISELTASEL; Bg. 2° 719, 159ᵛ

99. NEIDHART (?), Sterzing 53ᵛ

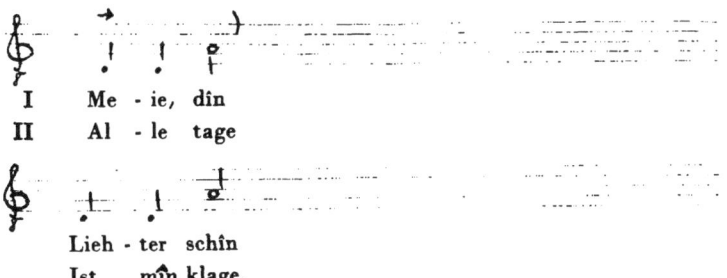

100. NEIDHART: DIE RINGELEHTE PFEIT; B. germ. 2° 799, 219ʳ

101. NEIDHART: DER OUGSTEIN; B. germ. 2° 799, 220ᵛ

102. NEIDHART: DIE WEIBELROUT; B. germ. 2° 799, 228ʳ

Dô der lie - be sum - mer
Des ge - wan sît kum - mer
U - re - loup ge - nam,
Der her - re gun - de - ram:
Dô muo - se man der tän - ze
Der muose ouch sîn ge - strän - ze
Ufm an - ger gar ver - phlegen.
Dô lâ - zen un - der wegen.
Der ist bic - kel - mei - ster di - sen win - der:
Oe - der gouch ist in dem lan - de nin - der,
Sîn rû - me - gaz - ze ka - phet zal - len zî - ten wol hin hin - der.

103. NEIDHART: DAZ GULDIN HUON; B. germ. 2° 799, 234ʳ

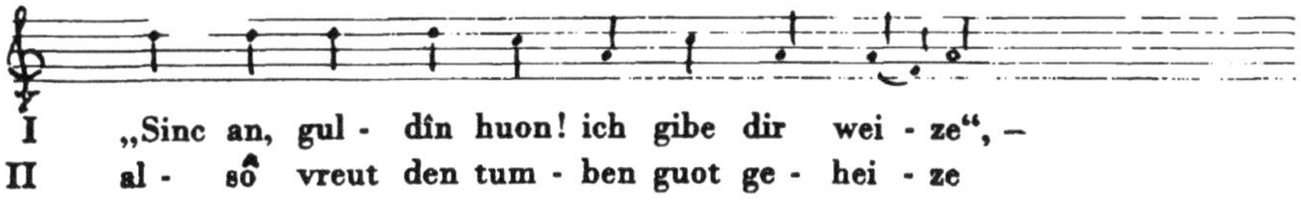

I „Sinc an, gul - dîn huon! ich gibe dir wei - ze", —
II al - sô vreut den tum - ben guot ge - hei - ze

104. NEIDHART: DER SLIT; B. germ. 2° 799, 236ʳ

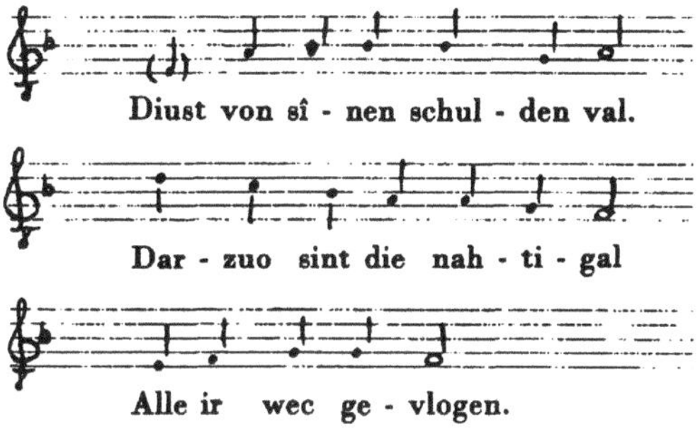

Diust von sî - nen schul - den val.

Dar - zuo sint die nah - ti - gal

Alle ir wec ge - vlogen.

105. NEIDHART: DAZ VOGELHUS; B. germ. 2° 799, 213ʳ

I Si kla - gent, daz der win - der
II Sist wi - der mich ze stren - ge.

Koe - me nie vor man - ger zît
Got ir un - ge - nâ - den niht

Sô scher - pfer noch sô swin - der:
Im - mer gar ver - hen - ge

Sô klag ich: mîn vrou - we diu ist her - tic - lîch ge - muot;
Nâch ir wil - len ü - ber mich! sist wir - ser dan - ne guot.

III (ich hân ir mî - niu jâr)
Ich hân mî - niu jâr

Ir ge - die - net â - ne mâ - ze.

252

Nie-men sol mir wî-zen, ob ich mî-ne vrou-we lâ-ze:
Dâ vinde ich lie-bes lô-nes niht als grôz als umbe ein hâr.

106. (DER SCHWARZE DORN), B. germ. 2° 799, 131ʳ

I   Der swar-cze dorn ist wor-den weis;
II Gar zer-gan-gen ist - der schne;
IV Mit ga-mil-len plüm-lein fein.

Nun hat der may-e sei-nen vleiss
Man siht hew-er aber als ee
Fro so sin-gen die vo-ge-lein;

Ge-le-get an den an-ger.
Die liech-ten plümb-lein swan-ger.
Irs laids sind sie er-ge-czett.

III Der may-e hat die veld gar schon be-set-zett

107. DAS SEIL; B. germ. 2° 799, 149ᵛ

```
I    May - en - zeit  o - ne    neidt freu - den  geit wi - der streit
II   Uff  dem   plan o - ne     wan sicht man stan wol - ge - than
IV   Und  der   walt ma - nig - valt un - ge - tzalt ist der - schalt,

     Sein wi - der - ku - men kan uns al - len hel - ffen.
     Lich - te  präu - ne  plüm - lein bey den gel - ffen;
     Das  er   ward mit dem nie pas ge - sun - gen.

III  Durch das gras sind sie schon ge - drun - gen.
```

108. DER WIDERDRIES. B. germ. 2° 799, 171ᵛ

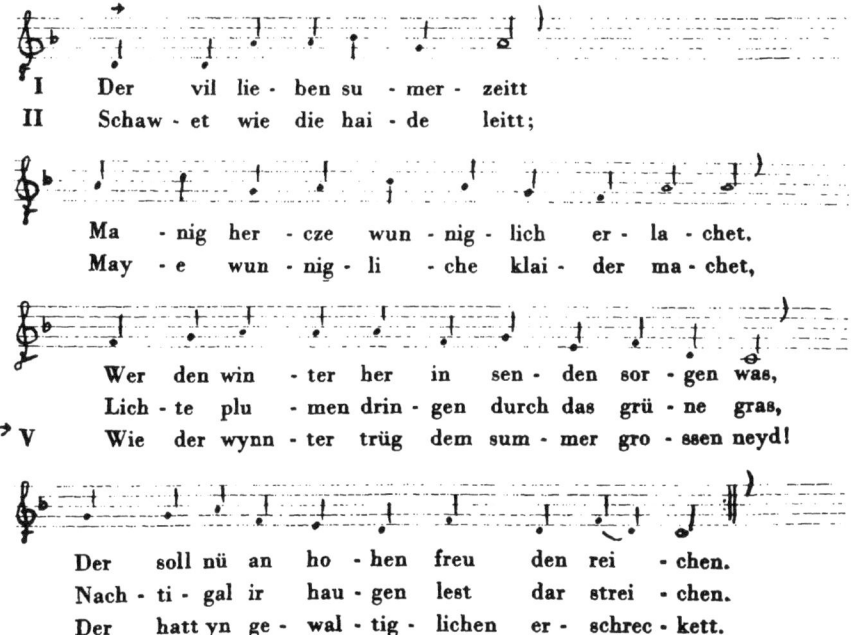

```
I    Der    vil lie - ben  su - mer - zeitt
II   Schaw - et wie die hai - de     leitt;

     Ma - nig her - cze wun - nig - lich er - la - chet.
     May - e wun - nig - li - che klai - der ma - chet,

     Wer den win - ter her in sen - den sor - gen was,
     Lich - te plu - men drin - gen durch das grü - ne gras,
V    Wie der wynn - ter trüg dem sum - mer gro - ssen neyd!

     Der soll nü an ho - hen freu den rei - chen.
     Nach - ti - gal ir hau - gen lest dar strei - chen.
     Der hatt yn ge - wal - tig - lichen er - schrec - kett.
```

254

III Schaw - et an den grü - nen walt!
IV Rei - che plüe - de ma - nig - falt

Der hat sich mit lau - be schön be - dec - kett.
Früch - tig safft ausz grü - nem zweig er - wec - kett. →

109. DER FRASS, Kolmar 69

I Mey, du wun - nen - bern - de zyt, lyt wyt
II Das sint freu - de wun - nic - lich rich, wich

Der an - ger, uff der hey - de wey - de
Uz al - len sor - gen, vra - wen schau - wen,

Sicht man blu - men wol - ge - tan man
Bi in fint man freu - den vil. spil

Hoe - ret sin - gen, suß er - klin - gen vor dem wal - de,
By der lin - den von den kin - den sich nu me - ret,

jung und al - de vo - gel sun - gen;
gar ver - ke - ret sint ir sor - gen

wol ge - lun - gen ist in a - ber hu - re.
nacht und mor - gen uff des mey - en schu - re.

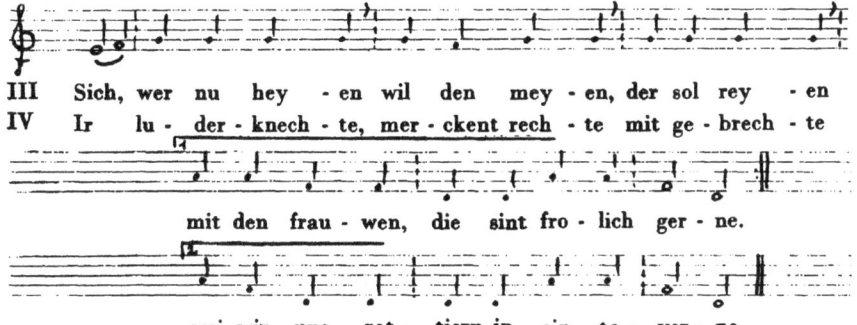

Lieder mit Beteiligung von Instrumenten

110. Spörlsche Hs, 192ᵃ

Wann ich an scha recht swarcz vnd pla,
So gdenk ich, wa ward y so zartz,
Als stät, ver-swi-gen, pla und swarcz,
In al-len lie-ben sa-chen:
Wann stä-ti-kait kan ma-chen,
Daz freud nach laid lib sach er-vert.

111. Spörlsche Hs, 211ʳ

113. Spörlsche Hs, 212ᵛ

114. DER MÖNCH VON SALZBURG; Spörlsche Hs, 202ᵛ

Gar kint - leich ist ir han - del,
Wun - sam in al - len sa - chen;
Dy ro - ten münd - lein la - chen
Sam ro - tes rös - lein pros - sen.

115. Spörlsche Hs, 251ᵛ

Wye fremd ich dir pin, traut lieb - stes frew - lein czart,
Doch wiss, es wartt mein hercz dir ain,
Und ist auch all - czeit, wo du pist,
Gancz mein ge - dank gar an ane - fangk:

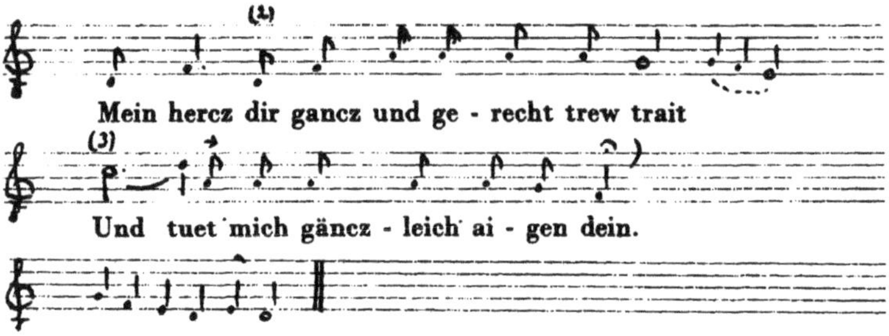

Mein hercz dir gancz und ge - recht trew trait

Und tuet mich gäncz - leich ai - gen dein.

116. Spörlsche Hs, 249ᵛ

I Seint rös - lein, plüem - lein ma - niger - lay
II Dye mei - nem her - czen sanf - te tuet.

Und süe - sser vo - ge - lein ge - schray
Ich hoff, der herbst werd hewer so guet,

Hat mit im hin ge - füert der may,
Das mir von praw - nen wol - ge - muet

So mues ich mir umb an - dre frewd an schaw - en,
Ain krencz - lein wurd von mei - ner lieb - sten fraw - en.

III Und das ich mit ir da - rinn tancz,
R. Das wol - ge - muet hat all mein synn

117. Spörlsche Hs, 197r

I Mein hort, muss ich mich von dir schai - den,
II La mich dir ny - e - mand er - lai - den,

Got geb dir gelück czu dei - ner vart.
Ge - dengk, das mir nye lie - bers wart:

III Da - rumb solt du nicht ver - ges - sen mein
R, Ein laids wortt: ge - se - gen dich got,

Und la mich mei - ner trewen ge - nyes - sen:
Tuet mich an frew - den kren - cken;

Wann du mit tre - wen mir¹) wilt sein,
Wann ichs von dir hör a - n(e) spot,

So leb ich gar an als ver - dries - sen.
So traw - ert al - les mein ge - deng - ken.

118. OSWALD VON WOLKENSTEIN

Zwar ich halt stät die wort

Wurd mir der kranz von ro - sen - tal.

119. OSWALD VON WOLKENSTEIN

I Herz, muet, leib, sel und was ich han,
II Dem sol ich we - sen un - der - tan

Das freut ain liep - lich an - ge - sicht,
Zu die - nen stä - tik - lich ge - richt!

R Frau, du solt un - ver - ges - sen sein

In mei - nem her - zen e - wik - leich,

Und wär das auch der wil - le dein,

So ward nie kai - ser mein ge - leich

120. RONDEL, B. germ. 2° 922, 131*

5 Dar - zu mich rech - te lie - be bint.
14 Uf er - den nie - man lie - bers vint.

121. RONDEL; B. germ. 2° 922, 134ᵛ

1 Myn her - tze hait ge - schei - den sich
5 Ent - fae is, vrau - we gne - dik - lich
8 Met gan - tzen tru - wen ich das sprich,

2 Van mir zu dir, zairt hog - stes ein,
6 Dorch al dijn gnad: du vintst kein nein,
9 Das ich zu dir al - lein ghe - mein

3 Und wil ouch on - der - de - nich sijn
7 Ge - buit, ich halt den wil - len dijn.
10 Ge - wil - let hain das her - tze myn;

4 Voir al der werlt dir weir - di - keit.
11 Das sij zu dienst dir ie be - reit.

122. München, Clm 22305, 64ʳ

Die Lerch ist lai - des wol er - get - zet.
Hör wy reich - lei - che si nu doe - net.

Sne, reyf hat si da hin ge - set - zet,
Da - mit si a - wer may - en doe - net.

Daz si was an sue - zem sang er - stum - met gar.
Secht der prin - get ir jaer - lei - chen lei - bes nar.

Aus er - de grust wirt gi - rich pi - rich ma - nich zwei,

Daz sue - zer lust durch - wa - et dra - et dar - nach

pluet her - fuer. Das sei.

Meistergesänge

123. MARNER: Goldner Ton; Puschman

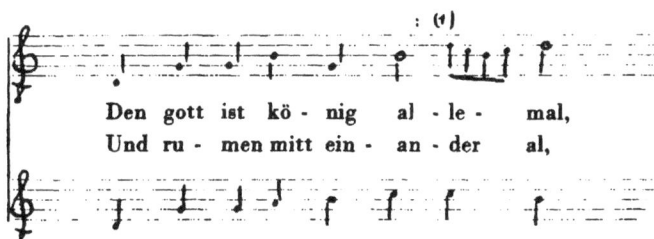

124. MÜGLIN: HOFTON; Puschman

125. MICHEL BEHAIM: GEKRÖNTE WEIS; Heidelberg, P. germ. 312, 187ʳ

III 13 Zu wald vint man manch gru - nes zwei,
14 dar - ynn die vo - gel man - cher - lei,
15 die fü - ren frö - den - rei - chen rei;
16 mit sin - gen sein sie frisch und frei.
17 yeg - li - cher vo - gel, wie er sei,
18 der ma - chet sun - der sein ge - spei:
19 fraw naht - gall singt ob i - rem ei,
20 dar - zu der guc - kauch und die crei
21 er - he - ben auch daz ir ge - schrei.

126. HANS FOLZ: KETTENTON; Puschman

I Am ein - und - zwan - zich - sten Ca - putt
II Dar ge - gen er auch nicht ver - schweigt,

VII Dem es wol geht, sein sach ver - stett,
VIII Sein tranck und speis zim - li - cher weis

IX Wol schmec - ken ist. Dem - sel - ben bist,

O tott, gar schrek - lich und un - wertt.

127. HANS SACHS: GOLDNER TON; Zwickau

I 1 Lob sey got va - ter in dem thron schon fron,
II 3 Dar - durch wir clar den wil - len sein fein rein

   2 Der uns sein wort, der gna - den hort, an man - nig ort
   4 Er - ken - nen hy on zeif - fel y clar lau - ter, wy
→ IV 8 Hen - get uns das, seit uns vil bass lie - bet die strass

   yez gne - digk - lich auss - rifft,
   auss der hei - li - gen schrifft,
   mensch - li - cher lug und gifft.

III 5 Die vor was gar ver - dunc - kelt ser

   6 Von der sched - li - chen men - schen ler,

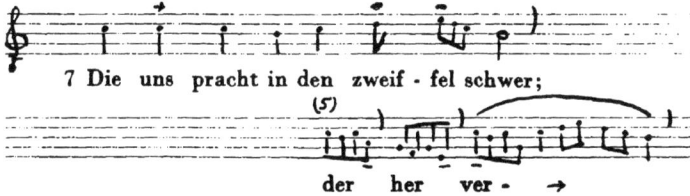

7 Die uns pracht in den zweif-fel schwer;
   der her ver-

128. HANS SACHS: SILBERWEISE; Zwickau

I Sal - ve, ich grus dich scho - ne.
II Al - ler barm - her - tzig - kei - te.

Rex Chri - ste, in dem thro - ne,
Am hei - land man dich sei - te,

Der du tre - gest die kro - ne
An un - sern letz - ten zei - te

Mi - se - ri - cor - di - e
Uns hilf - lich bei - ge - ste.

III Vi - ta dul - ce - do, bist fur - war
IV Et spes nos - tra, wan an dir gar

Des le - bens u - re - sprung,
Leit all un - ser hoff - nung.

V Sal - ve Chri - ste wir gru - ssen dich,
Ein herr hi - mel und erd - te - reich,
Gar hoch in Hie - rar - chei - e.
Ad te Chri - ste gar frei - e
Cla - ma - mus, wir stets schrei - e,
Hilff uns auss al - lem wee.

129. HANS SACHS: MORGENWEISE; Zwickau

I 1 Wacht auff, ir wer - den chri - sten,
II 6 In geist und freu - den - mu - te

2 Mit da - vid dem psal - mi - sten
7 Fecht er an, es ist gu - te,

3 Und hört sein suss ge - dön
8 Dem her - ren sa - gen danck

4 Am zwai- und-zwen-tzi-gi-sten schön,
9 Und zu sin-gen das lob-ge-sanck

5 Fru auff den Sa-bath e-re.
10 Dir al-ler-höch-ster he-re.

III 11 Zu ver-kun-den am mor-gen
12 Dein gu-te un-ver-por-gen,

13 Dein glau-ben bey der nacht,

14 Da-rinn manch hertz in freu-den wacht;

IV 15 Auff sei-ten zu güm-ti-ren
16 Und psal-ter zu hof-fi-ren,

17 Mit ge-dicht kunst-lich scharff

18 Herr dir zu schla-hen auff der harff

V 19 Mit scho-nen re-so-nan-zen,

20 Liep-lich-en con-cor-dan-zen.

21 Wan, herr, du ma-chest mich

22 Ob dei - nen wer - cken gar frö - lich,

23 In freu - den ich mich rue - me,

24 Dei - ner hand werck ich plü - me.

25 Herr, wie sind dei - ne werck

26 So gross und dein ge - dan - cken werck

27 Ab - grunt - loss wy das me - re!

Leichmelodien

130. DER WILDE ALEXANDER, LEICH; Jena 25ᵃ

B1 X a Nu ne - met war, daz ist der schilt,
   b Of ro - tem velde ein na - cket kynt,
   c Von golde ein strale in ey - ner hant

dar - un - der mani - ger hat ge - spilt:
daz ist ge - kro - net und ist blint.
und in der an - dern ist ein brant.

XI a Daz kynt hat of den rant ge - spreit
   b Der schilt ist in und uz be - reit

tzwe - ne vlugel nach snel - lem vluge.
an dem tzeychen und an dem tzuge.

XII a Habent ir vûr - nomen, wa vûr sint komen
    b Schilt un - de kynt ist gar ein wynt,

ir wort und ir ma - te - rie gar?
nu ne - met ouch der glo - sen war.

XIII Weck of, myn - ne, spe - he syn - ne!
     Dich ir - ken - ne. schuz unde bren - ne,

tu din recht, of daz din her
und la sen, wer dir daz wer.

131. ULRICH VON WINTERSTETTEN, LEICH IV; Schreibersches Fragment

Berichtigungen

An folgenden Stellen lies ♩:
Seite 99, Zeile 20 letzte Note; S. 199/4 über *mains*; S. 201/4 über *que*; S. 202/7 über *a – mour*; S. 208/8 über *an* – gher; S. 234/7 über si – *cher* – lich.

Ferner lies ♩.:
Seite 202, Zeile 7 über *De* und *le*; S. 204/7 über *Més*; S. 244/4 über *hei – de*; S. 244/5 über *Nie*; S. 244/8 über *mei* – en.

Bei Fragen zur Produktsicherheit wenden Sie sich bitte an:
If you have any questions regarding product safety,
please contact:

Walter de Gruyter GmbH
Genthiner Straße 13
10785 Berlin
productsafety@degruyterbrill.com